PETIT MANUEL

RECRU...

OU

RECUEIL COMPLET DE LA LÉGISLATION ET DE LA
JURISPRUDENCE SUR CETTE PARTIE DU SER-
VICE PUBLIC, A L'USAGE DE MM. LES MEMBRES
DES CONSEILS DE RÉVISION DE MM. LES MAI-
RES, DES CHEFS DE FAMILLE ET DES JEUNES-
GENS SOUMIS AUX APPELS.

PAR JOYEUX,

CHEF DU BUREAU DE RECRUTEMENT A LA
PRÉFECTURE DE SEINE-ET-MARNE.

SECONDE ÉDITION.

MELUN,
L'AUTEUR, PONT AUX FRUITS, n° 1.

1826.

PETIT MANUEL

DU

RECRUTEMENT.

IMPRIMERIE DE BRODARD, A COULOMMIERS.

PETIT MANUEL

DU

RECRUTEMENT,

OU

RECUEIL COMPLET DE LA LÉGISLATION ET DE
LA JURISPRUDENCE SUR CETTE PARTIE DU
SERVICE PUBLIC, A L'USAGE DE MM. LES
MEMBRES DES CONSEILS DE RÉVISION, DE MM.
LES MAIRES, DES CHEFS DE FAMILLE ET DES
JEUNES GENS SOUMIS AUX APPELS;

PAR JOYEUX,

CHEF DU BUREAU DU RECRUTEMENT A LA
PRÉFECTURE DE SEINE-ET-MARNE.

SECONDE ÉDITION.

———————

A MELUN,

CHEZ L'AUTEUR, PONT AUX FRUITS, Nº 1

1826.

AVERTISSEMENT.

Depuis la publication de la première édition de ce Manuel, la législation et surtout la jurisprudence sur le recrutement ont éprouvé des modifications nombreuses, laissant incomplettes les instructions officielles insérées au bulletin des lois, et la pluspart des recueils particuliers destinés à l'usage de MM. les Maires et à celui des pères de famille.

Après une expérience de plus de huit années, dans la totalité des départemens du royaume, il est permis de penser que d'aussi nombreuses solutions et instructions ont prévu tous les cas et fixé invariablement cette partie de notre droit public.

Le moment nous a paru favorable pour en présenter ici l'analyse succinte, mais exacte, et à laquelle nous avons eu soin de joindre les textes des lois et ré-glemens antérieurs qui y ont quelques rapports.

Dans la premiere partie on trouvera tout ce que les officiers de l'état civil et les jeunes gens ont besoin de connaître sur les engagemens volontaires.

Les opérations concernant les appels, forment l'objet de la deuxième partie, où elles sont classées, par cathégories, de manière à être aperçues d'un seul coup d'œil, avantage qui, peut-être, sera particulièrement apprécié par MM. les membres des conseils de révision.

Nous avons inséré dans la troisième partie, les dispositions relatives aux jeunes soldats, à leur remplacement, aux revues trimestrielles, à leur résidence, aux permissions de mariages, aux mises en activité, etc.

Cet ouvrage est terminé par une collection de modèles à l'usage de MM. les Maires et des jeunes gens, laquelle est plus complette que celles qui ont été publiées jusqu'à ce jour.

Enfin, pour accroître l'utilité de ce manuel (*nonobstant la diminution de son prix*), nous y avons ajouté entre autres tableaux, celui de l'emplacement des

troupes françaises *au 10 mars* 1826, avec
l'indication des corps qui sont au complet. On pourra facilement tenir ce tra-
vail au courant des mutations auxquelles
il est sujet.

Nota. Le nº qui suit la pluspart des
paragraphes correspond avec l'article
qui traite le même objet dans la deuxième
édition du Manuel officiel du recrutement.

PETIT MANUEL

DU

RECRUTEMENT.

~~~~~~

TEXTE

DE LA LOI DU 10 MARS 1818.

—

TITRE Ier.

DES ENGAGEMENS VOLONTAIRES.

ART. 1er.

L'ARMÉE se recrute par des engagemens volontaires, et, en cas d'insuffi-
sance, par des appels faits suivant les règles prescrites ci-après, titre II.

ART. 2.

Tout Français sera reçu à contracter
~~~~~~

un engagement volontaire, sur la preuve qu'il est âgé de dix-huit ans, qu'il jouit de ses droits civils, et qu'il peut être admis dans le corps pour lequel il se présente.

Sont exclus, et ne pourront, à aucun titre servir dans les troupes françaises, les repris de justice, et les vagabonds ou gens sans aveu, déclarés tels par jugement.

Art. 3.

La durée des engagemens volontaires sera de six ans dans les légions départementales, et de huit ans dans les autres corps.

Il n'y aura, dans les troupes françaises, ni prime en argent, ni prix quelconque d'engagement.

Les autres conditions seront déter-

minées par le Roi, et rendues publiques.

Art. 4.

Les engagemens volontaires seront
contractés devant les officiers de l'état civil, dans les formes prescrites par les articles 34, 35, 36, 37, 38, 39, 40, 41,
42, 43, et 44 (1) du Code civil. Les
conditions relatives à la durée des engagemens seront insérées dans l'acte même;
les autres conditions seront lues aux contractans avant les signatures, et mention
en sera faite à la fin de l'acte : le tout
sous peine de nullité.

1 Le texe de la loi, imprimé d'abord au Bulletin des loi, portait, par erreur, *les articles* 34 *et*
44. Cette erreur a été rectifiée par l'errata mis à
la fin du Bulletin des lois du 8 mai 1818, n° 209.

TITRE II.

DES APPELS.

Art. 5.

Le couplet de paix de l'armée, officiers et sous-officiers compris, est fixé à deux cent quarante mille hommes.

Les appels faits en vertu de l'article 1er ne pourront dépasser ce couplet, ni excéder annuellement le nombre de quarante mille hommes.

En cas de besoins plus grands, il y sera pourvu par une loi.

Art. 6.

Chaque année, dans les limites fixées par l'article 5, le nombre d'hommes appelés sera réparti entre les départemens,

arrondissemens et cantons, proportion-
nellement à leur population, d'aprés les
derniers dénombremens officiels.

Le tableau de cette répartition sera
communiqué aux Chambres, publié et affiché, ainsi que l'état sommaire de engagemens volontaires de l'année précédente.

ART. 7.

Le contingent assigné à chaque canton
sera fourni par un tirage au sort entre
les jeunes Français qui auront leur domicile légal dans le canton, et qui auront
atteint l'âge de vingt ans révolus dans
le courant de l'année précédente.

Pour la première formation, les deux
classes de jeunes gens qui ont complété
leur vingtième année dans les années
1816 et 1817, participeront au tirage

qui aura lieu en 1818, sans néanmoins que le contingent de chaque classe puisse dépasser quarante mille hommes , ainsi qu'il est prescrit par l'article 5.

Seront exemptés les jeunes gens de ces deux classes qui auront contracté mariage avant la publication de la présente loi.

ART. 8.

Seront considérés comme légalement domiciliés dans le canton ,

1° Les jeunes gens, même émancipés, engagés, établis au dehors, expatriés, absens ou détenus, si d'ailleurs leurs père, mère ou tuteur, ont leur domicile dans une des communes du canton, ou s'ils sont fils d'un père expatrié qui avait son dernier domicile dans une desdites communes ;

2° Les jeunes gens mariés dont le père, ou la mère à défaut du père, sont domiciliés dans le canton, à moins qu'ils ne justifient de leur domicile réel dans un autre canton ;

3° Les jeunes gens mariés et domiciliés dans le canton, lors même que leur père ou leur mère n'y serait pas domicilié ;

4° Les jeunes gens nés et résidant dans le canton, qui n'auraient ni leur père, ni leur mère, ni tuteur ;

5° Les jeunes gens résidant dans le canton, qui ne seraient dans aucun des cas précédens, et qui ne justifieraient pas de leur inscription dans un autre canton.

ART. 9.

Seront, d'après la notoriété publique,

considérés comme ayant l'âge requis pour le tirage, les jeunes gens qui ne pourront produire un extrait des registres d'état civil constant un âge différent, ni, à défaut de registres, prouver leur âge conformément à l'article 46 du Code civil.

Art. 10.

Si, dans l'un des tirages qui auront lieu en exécution de la présente loi, des jeunes gens viennent à être omis, ils seront rappelés dans le tirage subséquent.

Art. 11.

Les tableaux de recensement de jeunes gens du canton soumis au tirage d'après les règles précedentes, seront dressés par les maires, publiés et affichés dans chaque commune et dans les formes prescrites par les articles 63 et 64 du Code civil.

Un avis, publié dans les mêmes formes, indiquera les lieu, jour et heure où il sera procédé à l'examen desdit tableaux et à la désignation, par le sort, du contingent cantonal.

Art. 12.

Dans les cantons composés de plusieurs communes, cet examen et cette désignation auront lieu au chef-lieu de canton, en séance publique, devant le sous-préfet, assisté des maires du canton. Dans les cantons composés d'une commune ou d'une portion de commune, le sous-préfet sera assisté du maire et des adjoints.

Le tableau sera lu a haute voix. Les jeunes gens, leurs parens ou ayans-cause seront entendus dans leurs observations.

Le sous-préfet statuera, après avoir pris l'avis des maires. Le tableau, rectifié s'il y a lieu, et définitivement arrêté, sera revêtu de leurs signatures.

Immédiatement après, chacun des jeunes gens appelés, dans l'ordre du tableau, prendra dans l'urne un numéro, qui sera de suite proclamé et inscrit. Les parens des absens, ou le maire de leur commune, tireront à leur place.

La liste, par ordre de numéros, sera dressée au fur et à mesure du tirage. Il y sera fait mention des cas et des motifs d'exemption ou dispense que les jeunes gens ou leurs parens, ou les maires des communes, se proposeront de faire valoir devant le conseil de révision, dont il sera parlé ci-après. Le sous-préfet y ajoutera ses observations.

La liste du tirage sera ensuite lue, arrêtée et signée de la même manière que le tableau de recensement, et annexée avec ledit tableau, au procès-verbal des opérations. Elle sera publiée et affichée dans chaque commune du canton.

Art. 13.

Ces opérations seront revues, en séance publique, dans un conseil composé, sous la présidence du préfet, d'un conseiller de préfecture, d'un membre du conseil général du département, d'un membre de celui d'arrondissement, et d'un officier général ou supérieur, désigné par le Roi. Le conseil de révision se transportera dans les chefs-lieux d'arrondissement ou de canton, suivant les localités.

Les jeunes gens qui, d'après leurs numéros, pourront être appelés à faire partie du contingent, seront convoqués, examinés et entendus.

S'ils ne se rendent point à la convocation, ou s'il ne se font pas représenter, ou s'ils n'obtiennent point un délai, il sera procédé comme s'ils étaient présens.

Dans les cas d'exemption pour infirmités, les gens de l'art seront consultés.

Les autres cas d'exemptions ou dispenses seront jugés sur la production de documens authentiques, ou de certificats signés du maire de la commune du réclamant, et de trois pères de famille domiciliés dans le même canton, dont les fils sont soumis à l'appel ou ont été appelés et sont sous les drapeaux.

Hors les cas prévus par l'article 16, les décisions du conseil de révision seront définitives.

Art. 14.

Seront exemptés et remplacés, dans l'ordre des numéros subséquens, les jeunes gens que leur numéro désignera pour faire partie du contingent, et qui se trouveront dans un des cas suivans :

1° Ceux qui n'auront pas la taille d'un mètre cinquante-sept centimètres (1) ;

2° Ceux que leurs infirmités rendront impropres au service ;

3° L'aîné d'orphelins de père et de mère ;

4° Le fils unique ou l'aîné des fils, et, à defaut de fils, le petit-fils ou l'aîné des petits-fils d'une femme actuellement veuve, d'un père aveugle, ou d'un vieillard septuagénaire ;

(1) Quatre pieds dix pouces (ancienne mesure).

5º Le plus âgé des deux frères désignés tous deux par le sort, dans un
même tirage ;

6º Celui dont un frère sera sous les
drapeaux, à quelque titre que ce soit ,
ou sera mort en activité de service , ou
aura été réformé pour blessures reçues
ou infirmités contractées à l'armée.

Ladite exemption sera appliquée dans
la même famille autant de fois que les
mêmes droits s'y reproduiront.

Seront comptés néanmoins, en déduction desdites exemptions , les frères vivans, libérés en vertu du présent article,
à tout autre titre que pour infirmités.

Art. 15.

Seront dispensés, considérés comme
ayant satisfait à l'appel, et comptés
numériquement en déduction du contin-

gent à fournir, les jeunes gens désignés par leur numéro pour faire partie dudit contingent, qui se trouveront dans un des cas suivans :

1° Ceux qui ont contracté un engagement volontaire dans un des corps de l'armée ;

2° Les jeunes marins portés sur les registres matricules de l'inscription maritime, conformément aux règles prescrites par les articles 1, 2, 3, 4 et 5 de la loi du 25 décembre 1795 (3 brumaire an 4) et les charpentiers de navire, perceurs, voiliers et calfats, immatriculés conformément à l'article 44 de ladite loi.

3° Les officiers de santé commissionnés et employés dans les armées de terre et de mer ;

4° Les jeunes gens régulièrement autorisés à continuer leurs études ecclésiastiques, sous condition qu'ils perdront le bénéfice de la dispense s'il n'entrent point dans les ordres sacrés ;

Cette disposition est applicable aux divers cultes dont les ministres sont salariés par l'État ;

5° Les élèves de l'école Normale et les autres membres de l'instruction publique qui contractent devant le conseil de l'Université l'engagement de se vouer pendant dix années à ce service.

Cette disposition est applicable aux frères des écoles chrétiennes ;

Les élèves de langues ;

Les élèves de l'école polytechnique et des écoles de services publics ;

Les élèves des écoles spéciales militaires et de la marine ;

Soit que lesdits élèves suivent encore leurs études, ou aient été admis dans le service auquel elles préparent, sous condition qu'ils perdront le bénéfice de la dispense, s'ils abandonnent lesdites études, ou ne sont point admis dans ledit service, ou s'ils le quittent avant le temps qui sera fixé ci-après pour la durée du service des soldats;

6° Les jeunes gens qui auront obtenu un des grands prix décerné par l'Institut royal, ou le prix d'honneur décerné par le conseil de l'Université.

Art. 16.

Lorsque les jeunes gens désignés par leur numéro pour faire partie du contingent cantonal, auront fait des réclamations dont l'admission ou le sujet dépendra de la décision à intervenir sur des questions judiciaires relatives à leur état ou à leur droits civils, les jeunes gens

3.

désignés par leur numéro pour suppléer lesdits réclamans, seront appelés dans le cas où, par l'effet des décisions judiciaires, ces réclamans viendraient à être libérés.

Ces questions seront jugées contradictoirement avec le préfet, à la requête de la partie la plus diligente.

Les tribunaux statueront sans délai, le ministère public entendu, sauf l'appel.

ART. 17.

Après l'examen des opérations, exemptions, dispenses ou réclamations, la liste du contingent de chaque canton sera définitivement arrêtée et signée par le conseil de révision.

Les jeunes gens qui, aux termes de l'article 16, sont appelés les uns à défaut des autres, ne seront inscrits sur la liste du contingent que conditionnellement, et sous la réserve de leurs droits.

Le conseil déclarera ensuite que les jeunes gens qui ne sont pas inscrits sur cette liste, sont définitivement libérés. Cette déclaration, avec l'indication du dernier numéro compris dans le contingent cantonal, sera publiée et affichée dans chaque commune du canton.

Dès qu'il aura été statué par les tribunaux sur les questions mentionnées en l'article 16, le conseil, d'après leur décision, prononcera de la même manière la libération ou des réclamans ou des jeunes gens conditionnellement désignés pour les suppléer.

ART. 18.

Les jeunes gens définitivement appelés à faire partie du contingent, pourront se faire remplacer par tout homme valablement libéré, pourvu qu'il n'ait pas plus de trente ans, ou trente-cinq ans, s'il a été militaire, et qu'il ait la taille et les autres qualités réquises pour être reçu dans l'armée.

Le remplaçant sera admis par le conseil de révision, et l'acte de remplacement annexé au procès-verbal.

Les substitutions de numéros pourront avoir lieu entre les jeunes gens du même tirage.

Les stipulations particulières qui pourraient avoir lieu entre les contractans à l'occasion desdits remplacemens et substitutions, seront soumises aux mêmes règles et formalités que tout autre contrat civil.

L'homme remplacé sera, pour le cas

de désertion, responsable de son remplaçant pendans un an, à compter du jour de l'acte passé devant la préfet. Il sera liberé, si, dans l'année, le remplaçant est arrêté, en cas de désertion, ou s'ils meurt sous les drapeaux.

Art. 19.

Les jeunes gens appelés, ou leurs remplaçans, seront inscrits sur les registres matricules des corps de l'armée.

Ces jeunes soldats resteront dans leurs foyers et y seront assimilés aux militaires en congé.

Ils ne seront mis en activité qu'au fur et à mesure des besoins, et dans l'ordre déterminé par leur classe.

Les compagnies départementales créées par la loi du 23 novembre 1818, sont supprimées.

ART. 20.

La durée du service des soldats appelés sera de six ans, à compter du 1er janvier de l'année où ils auront été inscrits sur les registres matricules des corps de l'armée.

La durée du service du contingent de la classe de 1816 ne sera que de cinq ans.

Au 31 décembre de chaque année, en temps de paix, les soldats qui auront achevé leur temps, seront renvoyés dans leurs foyers.

Ils le seront, en temps de guerre, immédiatement après l'arrivée au corps du contingent destiné à les remplacer.

TITRE III.

DES RENGAGEMENS.

ART. 21.

Les rengagemens seront contractés devant les intendans ou sous-intendans militaires dans les formes prescrites par l'art. 4, sur la preuve que le contractant peut rester ou être admis dans le corps pour lequel il se présente.

ART. 22.

Les rengagemens pourront être reçus même pour deux ans, et ne pourront excéder la durée des engagemens volontaires.

Les rengagemens donneront droit à une haute-paie, et à l'admission dans la gendarmerie ou dans les vétérans de la ligne.

Les autres conditions seront déterminées par le Roi, et rendues publiques.

TITRE IV.

DES VÉTÉRANS.

ART. 23.

Les sous-officiers et soldats rentrés dans leurs foyers, après avoir achevé leur temps de service, seront assujettis, en cas de guerre, à un service territorial dont la durée est fixée à six ans, sous la dénomination des *Vétérans*.

Les vétérans pourront se marier et former des établissemens.

En temps de paix, ils ne seront appelés à aucun service, et en temps de guerre, ils ne pourront être requis de marcher hors de la division militaire qu'en vertu d'une loi.

Art. 24.

Les anciens sous-officiers et soldats ne pourront être rappelées sous les drapeaux, s'ils ne demandent à contracter des engagemens ; ils ne seront plus assujettis qu'au service territorial des vétérans.

Seront exemptés même dudit service les sous-officiers et soldats qui auraient trente-deux ans d'âge, ou douze ans de service actif, ou qui auront été réformés pour blessures et infirmités graves.

TITRE V.

DES DISPOSITIONS PÉNALES.

ART. 25.

Toutes les dispositions des lois, ordonnances, réglemens ou instructions relatives aux anciens modes de recrutement de l'armée, sont et demeurent abrogées.

Les tribunaux civils et militaires, dans les limites de leur compétence, appliqueront les lois pénales ordinaires aux délits auxquels pourra donner lieu l'exécution du mode de recrutement déterminé par la présente loi.

Pour les délits militaires, les juges pourront user de la faculté énoncée en l'article 595 du Code d'instruction criminelle.

Art. 26.

Tout fonctionnaire ou officier public, civil ou militaire, qui, sous quelque prétexte que ce soit, aura autorisé ou admis des exemptions, dispenses ou exclusions autres que celles déterminées par la présente loi, ou qui aura donné arbitrairement une extention quelconque, soit à la durée, soit aux règles ou conditions des engagemens, des appels des rengagemens ou des service des vététérans, sera coupable d'abus d'autorité, et puni des peines portées dans l'article 185 du Code pénal, sans préjudice des peines plus graves prononcées par ce Code dans les autres cas qu'il a prévus.

TITRE VI.

DE L'AVANCEMENT.

ART. 27.

Nul ne pourra être sous-officier, s'il n'est âgé de vingt ans révolus, et s'il n'a servi activement, pendant au moins deux ans, dans un des corps de troupes réglées.

Nul ne pourra être officier, s'il n'a servi pendant deux ans comme sous-officier, ou s'il n'a suivi pendant le même temps les cours et exercices des écoles spéciales militaires, et satisfait aux examens desdites écoles.

ART. 28.

Les tiers des sous-lieutenances de la ligne sera donné aux sous-officiers.

Les deux tiers des grades et emploi de lieutenant, de capitaine, de chef de bataillon ou d'escadron et de lieutenant-colonel, seront donnés à l'ancienneté.

Les majors seront choisis parmi les capitaines employés comme trésoriers, officiers d'habillement et adjudans-majors ; les trésoriers et officiers d'habillement, parmi les officiers qui auront été sergens-majors ou maréchaux-des-logis-chefs ; les adjudans le seront parmi les sergens-majors ou maréchaux-des-logis-chefs.

ART. 29.

Nul ne pourra être promu à un grade ou emploi supérieur, s'il n'a servi quatre ans dans le grade ou l'emploi immédiatement inférieur.

Il ne pourra être dérogé à cette règle qu'à la guerre, pour des besoins extraordinaires, ou pour actions d'éclat mises à l'ordre du jour de l'armée.

ART. 3o -

Les autres règles de l'avancement seront déterminées sur ces bases, par un règlement d'administration publique inséré au Bulletin des lois.

En conséquence, toutes les dispositions des lois, ordonnances, règlemens, instructions ou décisions données jusqu'à ce jour sur l'avancement, sont et demeurent abrogées.

EXTRAIT

DE LA LOI DU 9 JUIN 1824,

ART. 1er.

Les appels faits, chaque année, conformément à la loi du 10 mars 1818, pour le recrutement des troupes de terre et de mer, seront de soixante mille hommes.

ART. 2.

Les jeunes soldats appelés en vertu de l'article précédent, qui seraient laissés dans leurs foyers, pourront être mis en activité dans l'ordre des classes, en commençant par la moins âgée, et, dans chaque classe, selon l'ordre des numéros.

ART. 3.

A l'avenir, la durée du service militaire, dans quelque corps que ce soit, sera de huit années, tant pour les jeunes gens qui seront appelés que pour ceux qui s'engageront volontairement après la promulgation de la présente loi.

ART. 4.

L'article 23 de la même loi, qui assu-

jettissait en cas de guerre, les sous-officiers et soldats rentrés dans leurs foyers,
après avoir achevé leur temps de service, à un service territorial de six ans,
sous la dénomination de *vétérans*, est
également abrogé, tant pour les enrôlés
volontaires que pour les jeunes soldats
admis dans l'armée, après la promulgation de la présente loi.

RECUEIL

DES INSTRUCTIONS ET SOLUTIONS MINISTÉRIELLES.

Iere. PARTIE.

ENGAGEMENS VOLONTAIRES.

CHAPITRE Ier.

Voyez le texte de l'article 3 de la loi
du 9 juin 1824 page 39.

1º **TABLEAU** des Corps français pour lesquels les engagemens volontaires sont admissibles, et des Tailles exigées pour les differentes armes....

(41)

Corps	Armes		Taille		
	Rég. d'infant. de ligne, légère et infirmiers, inf. de marine.	1	mètre 570 mill. ou	4 p.	10 p.
	Equipage de ligne de la marine.	1	id. 625	5	p.
	Chasseurs et Hussards de la ligne.	1	652	5	1
Garde royale.	Infanterie.				
	Chasseurs et Hussards.				
	Train d'artillerie.				
Ligne.	Pontonniers — Pompiers de Paris.	1	679	5	2
	Trains d'artillerie et du génie.				
	Train des équipages militaires.				
	Ouvriers des mêmes équipages.				
	Escadron de l'école royale de Saumur.				
Garde royale.	Dragons.				
	Lanciers.				
Ligne.	* Dragons	1	706	5	3
	* Ouv. d'ar. et de ter. de mar. et du génie				
	* Régimens du génie.				
Garde royale. et Ligne.	* Cuirassiers.				
	* Artillerie à pied et à cheval	1	733	5	4
	Artillerie de la marine.				
Garde royale.	Grenadiers à cheval.				
Ligne.	* Carabiniers de Monsieur.	1	788	5	6

Une tolérance de 6 lignes a été accordée provisoirement pour les armes marquées par une *.

*2° Tableau des corps étrangers et com-
pagnies pour lesquels les officiers de
l'état civil ne reçoivent pas d'engagemens volontaires.*

1° Les régimens Suisses ;

2° Celui de Hohenlohe, où néanmoins ils pourront être admis avec une
autorisation spéciale de S. Ex. le Ministre
de la guerre ;

3° Les compagnies de sous-officiers
et soldats sédentaires (précédemment
nommés Vétérans);

4° Les compagnies de gendarmerie;

5° Et les compagnies de discipline,
(fusiliers et pionniers).

CHAPITRE II.

Conditions générales à remplir par les jeunes gens qui se présentent pour con-contracter un engagement volontaire.

1º Être sains et robustes (14).

2º Être âgés de dix-huit ans au moins, et de 30 ans au plus ; néanmoins les anciens militaires sont admis jusqu'à 35 ans ; passé l'âge de 30 ans, ils ne peuvent s'engager que pour un corps de l'arme dont ils auront fait partie (15).

3º Être français, (*voir ci-après page 61 les règles sur la naturalisation des étrangers.*)

4º Jouir de ses droits civils, c'est à dire de ceux qui dérivent des lois communes à tous les Français, citoyens ou non, et qui étant attachés à la qualité de français, s'acquièrent et se perdent par les mêmes moyens que l'on acquiert et que l'on perd cette qualité (dic. univ. de jurisprudence.)

Ces mêmes droits se perdent, en outre, par l'effet d'interdiction et de condamnation judiciaire (code civil, article, 489 code pénal , article 89).

5° Avoir au moins, selon l'arme à laquelle ils se destinent , la taille indiquée ci-dessus, page 41.

6° N'être point exclus par la loi (voir aux pages 65 à 67 les motifs d'exclusion).

7° N'avoir point servi dans une compagnie de fusilliers ou de pionniers de discipline (62).

8° Être libérés du service militaire·

De ce nombre sont les jeunes soldats remplacés , lesquels sont admissibles à s'engager même avant l'expiration de l'année de responsabilité (35).

Mais ne sont pas admissibles , comme non libérés :

Les jeunes gens porteurs de congés illimités (37) ;

Les jeunes soldats et les remplaçans , non appelés à l'activité (36).

Ces derniers pourront devancer l'appel en s'adressant au sous-intendant militaire , ainsi qu'il est dit ci-après ;

Et enfin les jeunes gens convoqués devant le conseil de révision , pendant les quinze jours qui précèdent la clôture de la liste départementale du contingent (29 et 30).

CHAPITRE III.

Conditions spéciales.

Nul ne sera admis à s'engager, 1° pour

les compagnies d'ouvriers d'artillerie et du génie et des équipages militaires, s'il n'est ouvrier en fer ou en bois (23).

2° Pour les escadrons du train du génie et des équipages militaires, s'il n'est sellier ou maréchal ferrant, ou habitué à soigner les chevaux et à conduire les voitures (24).

3° Pour le bataillon des pontonniers, s'il n'est charpentier de bateaux ou habitué à conduire les bateaux (25).

4° pour les régimens du génie, s'il n'est ouvrier en fer ou en bois, ouvrier des mines et carrières, tailleur de pierres ou ouvrier en maçonnerie (26).

5° Pour les escadrons de l'école royale de cavalerie établie à Saumur, s'ils ne savent lire et écrire et ont plus de 25 ans.

6° Pour les équipagnes de ligne s'ils ont plus de 21 ans et demi.

CHAPITRE IV.

Pièces à produire et forme des engagemens
pour tous les corps.

On trouvera dans le modèle suivant,
avec l'indication des formalités qui doivent précéder ou accompagner la rédac-
tion de cet acte, une énumération complette des pièces à présenter à l'officier de
l'état civil, par tout individu qui désire
s'engager volontairement; il serait su-
perflu d'annoncer que les observations
imprimées en caractère italique, ne font
pas partie du corps de l'acte.

Modèle de l'acte d'engagement.

L'an..... le..... à..... heure... s'est présenté devant nous (*maire ou adjoint*),
officier de l'état civil de... arrondissement

de... département de... le sieur (*nom et prenoms*), âgé de... exerçant la profession de... (*si l'engagé a déjà servi, spécifier d'après sa déclaration à la suite de l'indication de la profession en quelle qualité et dans quel corps*) domicilié à... canton de... arrondissement de... département de... et résidant à... canton de... arrondissement de... département de...

Lequel, assisté du sieur (*nom, prénom, âge, profession et domicile du premier témoin*), et du sieur (*nom, prenom, âge, profession et domicile du deuxième témoin*), appelés l'un et l'autre comme témoins, conformément à la loi,

A déclaré vouloir s'engager pour servir dans le... (*désignation du corps*) et à cet effet nous a présenté :

1° Un certificat délivré sous la date du.... (*indication de la date*), par (*nom,* grade *,* et corps de l'officier signataire du certificats), et constatant que ledit sieur (*nom de l'engagé*) n'est atteint d'aucune infirmité ; qu'il a la taille et les autres qualités requises pour le service militaire et pour le corps auquel il se destine, et que l'effectif permet de l'y admettre.

NOTA. *Le certificat d'acceptation , doit être délivré sur la demande du jeune homme , savoir :*

Lorsqu'il s'agit d'un engagement pour la garde royale, par un officier supérieur du corps dont l'engagé aura fait choix , si cet officier se trouve dans le département ; à son défaut, par le maréchal-de-camp commandant la subdivision ou son suppléant devant lequel il se présentera muni d'un ordre du maire (153 et 154).

(50)

Lorsqu'il s'agit d'un engagement pour les escadrons de l'école royale de cavalerie établie à Saumur, le même certificat sera délivré par l'officier général commandant l'école ou par un officier supérieur qu'il aura délégué (167 bis).

Le pareil certificat sera délivré par l'intendant militaire de la division, aux hommes qui se destinent aux corps d'infirmiers entretenus de l'armée de terre, (168).

Aucun certificat d'acceptation n'est valable pour le bataillon des sapeurs pompiers de la ville de Paris, s'il n'a été délivré par l'officier commandant ce corps, et approuvé par le préfet de police. (170 et 171)

Pour tous les autres corps, le certificat d'acceptation sera délivré subsidiairement par un officier supérieur du *corps s'il s'en trouve sur les lieux ;*

Par un capitaine ou officier de recrutement (ou son suppléant), par un officier de gendarmerie ou par le sous-officier chargé de le suppléer dans l'arrondissement (43 et 46).

2° Son acte de naissance, ou à défaut, un acte de notoriété dûment homologué, constatant qu'il est né le... (*indication du jour, du mois et de l année de la naissance*) à... canton de... département de...

3° Un certificat délivré sous la date du... par le maire de... visé par le juge de paix du canton de... et constatant 1° qu'il jouit de ses droits civils, qu'il est de bonnes vie et mœurs, qu'il n'a été appelé ni pour le service de terre, ni pour celui de mer (*ou bien*) qu'il est libéré l'un ou de l'autre service.

4°. (*Pour les hommes qui ont servi*),

un congé absolu, délivré par le conseil d'administration de...

(*Pour ceux qui ont fait partie des corps licenciés en 1815 et ne sont pas porteurs de congés absolus*) un certificat du maire de leur commune, visé par le sous-préfet, portant qu'ils n'ont pas repris du service depuis le mois d'août de la même année, soit comme ayant été rappelés, soit à tout autre titre (65).

(*Pour les inscrits maritimes*) un acte de déclassement signé par le commissaire de l'inscription maritime de leur quartier (*ou*) un certificat du même, portant que le ministre de la marine les autorise à prendre du service dans les troupes de terre (66).

(*Pour les jeunes gens qui n'ont point servi et qui ont atteint l'âge du recrutement*) un certificat de libération ou d'exemption délivré par le Préfet ou sous-préfet, ou bien par le maire, mais vérifié par le sous-préfet (809);

5° (*Pour les hommes desquels la qualité d'ouvrier est exigée*) un certificat de deux maîtres ouvriers, constatant qu'ils ont fait leur apprentissage (67);

6o (*pour tous*) un certificat du conseil d'administration du corps *choisi par l'engagé*, en date du.....constatant que son effectif permet l'incorporation du susnommé.

(*Ce certificat n'est point nécessaire, lorsque l'officier de l'état civil est officiellement prévenu que ce même corps n'est point au complet (51 et 72).*

Nous, officier de l'état civil, après avoir reconnu la régularité des pièces produites par le sieur..... Nous lui avons donné lecture des articles 2. et 3. de la loi du

10 mars 1818, de l'article 3. de la loi du 9 juin 1824, et des articles 18 et 19 de l'instruction sur les engagemens volontaires approuvée par le roi, lesquels ordonnent de faire conduire de brigade en brigade par la gendarmerie, les engagés volontaires trouvés hors de la route qui leur est tracée, et de poursuivre comme déserteurs ceux qui ne se rendent pas à leur destination dans les délais prescrits.

En suite de quoi nous avons reçu l'engagement volontaire du sieur... lequel a promis de servir le roi avec fidélité et honneur, et de rester sous les drapeaux pendant l'espace de 8 ans.

Lecture faite audit sieur... et aux deux témoins ci-dessus dénommés du présent acte, ils ont signé avec nous (*signatures ou mention des déclarations des individus qui ne signent point*).

Signalement du sieur..... taille de.....
cheveux..... front..... sourcils..... yeux.....
nez..... bouche..... menton..... visage...
(indiquer les marques particulières).

Fils de... et de... domicilié à... canton
de..... département de... *signature*.... le
maire de

Sont exemptes du droit de timbre, 1°
les expéditions des actes de naissance ou
autres; les certificats et généralement toutes les pièces à produire par les engagés,
pourvu que la destination y soit men-
tionnée (69 et 70);

2°. Les actes d'engagement et les registres où ils sont inscrits ; Les pièces à
l'appui doivent y être annexées (76).

CHAPITRE V.

Mise en route de l'engagé volontaire.

L'officier de l'état civil délivrera à

l'engagé, avec une expédition de l'acte d'engagement, une feuille de route provisoire portant injonction de se présenter devant le premier sous-intendant militaire, dont la résidence se trouvera sur la ligne qu'il aura à parcourir pour se rendre à sa destination (88).

Il adressera en même tems et directement au sous-intendant militaire en résidence dans le département où l'engagement aura eu lieu une seconde expédition de l'acte (89).

CHAPITRE VI.

Actions en nullité.

Si les engagés volontaires prétendaient faire annuller l'acte par eux souscrit, ils devront s'adresser aux tribunaux ; mais

ils sont tenus de suivre leur destination et d'attendre au corps le résultat de leur réclamation qui doit être
jugée contradictoirement avec le préfet,
(85 et 86.).

DEUXIÈME PARTIE.

DES APPELS,

TITRE Ier.

Recensement et tirage.

CHAPITRE Ier.

RECENSEMENT.

V. la loi du 10 mars 1818, art. 11, p 16.

Chaque année, dans les premiers jours
de janvier, les maires feront le recense-

ment des jeunes gens qui auront accompli leur vingtième année avant le 1er du mois (220).

Ils consulteront à cet effet :

1° Sur les registres de l'état civil, la *date de la naissance* des jeunes gens, et *non celle de l'acte même*, qui peut être différente (230);

2° Les jugemens réguliers qui pourraient avoir été rendus pour constater la date de la naissance, en vertu de l'article 46 du Code civil, des avis du conseil d'Etat des 13 nivôse an 10 et 12 brumaire an 11 (237), portant, que lesdits jugemens doivent être rendus dans les cas suivans : 1° lorsqu'il n'aura pas existé de registres ou qu'ils seront perdus; 2° lorsqu'il s'agira de rectifier des erreurs dans les actes de l'état civil; 3° lorsqu'il sera nécessaire de réparer une ömission d'acte non rédigé dans les délais prescrits ;

3° A défaut d'acte de naissance, et de jugement qui en tienne lieu, la notoriété publique, en recueillant d'office, dans une enquête administrative, les déclarations des notables habitans, et notamment de ceux qui ont des fils inscrits sur les tableaux de la classe (232, 234) et s'en rapportant aux indices les plus probables ;

4° Les registres de l'état civil des années précédentes et suivantes, s'ils manquent pour une année ; ceux des passeports ; les contrôles de la garde nationale ; les listes des dernières classes de recrutement, et tous documens écrits qui sont à leur disposition (235) ;

5° Et enfin les jeunes gens eux-mêmes, mais en prenant soin de vérifier leurs

déclarations par les moyens indiqués ci-
ci-dessus.

MM. les maires doivent dénoncer aux tribunaux les jeunes gens qui, pour ne pas être portés sur les tableaux de recensement, auraient fait usage d'actes qui ne leur appartiendraient pas (238).

CHAPITRE II.

FORMATION DES TABLEAUX.

Jeunes gens à inscrire.

Voy. la loi du 10 Mars 1818, art. 7, page 13.

Doivent être inscrits sur les tableaux de recensement, *à titre d'omis :*

Ceux qui, par erreur, n'ont pas été inscrits sur les listes de leurs classes, et dont l'existence n'aurait été constatée que depuis l'appel de cette classe, alors même qu'une ou plusieurs classes eussent été appelées dans l'intervalle , et encore bien que celle correspondant à la date de leur naissance eut été libérée, soit qu'ils aient été signalés par le Préfet ou sous-préfét, soit qu'ils aient été découverts par le maire (222 à 226).

Doivent être inscrits comme *investis de la qualité de français :*

Les fils de colons dont les père, mère ou tuteur ont acquis domicile en France (259);

Les jeunes Français dont la famille est en France, et qui se trouvent en pays étrangers, si leur existence est notoire (261);

Les individus nés dans les communes qui, avant 1789, faisaient partie de l'*ancienne France,* pourvu qu'ils aient continué de résider dans le royaume depuis la cession de leur pays à une puissance étrangère (19, 264);

Ceux nés dans le territoire *actuel* de la France, d'un père alors français, lors même que, par l'effet de la cession du pays où le père réside, celui-ci serait devenu étranger, attendu que le fils ne doit suivre la condition de son père que pour ce qu'elle était au jour de sa naissance (265);

Les enfans d'étrangers ayant acquis en France les droits de *naturalité*, antérieurement à la constitution de l'an 8, et notamment en vertu de la loi du 2 mai 1790, et qui sont nés depuis que leurs pères jouissent de la qualité de français. (Ils ne peuvent invoquer l'article 9 du Code civil, qui laisse aux fils d'étrangers nés en France, et devenus majeurs, la faculté de devenir français, attendu qu'ils le sont déjà et entièrement (266).

Conditions pour acquérir les droits de naturalité, sous l'empire des diverses lois qui se sont succédées.

Loi du 2 mai 1790.

Tous ceux qui, nés hors du royaume de parens étrangers, sont établis en France, seront réputés français, et admis, en prêtant le serment civique, à l'exercice des droits de citoyens actifs, 1° après cinq ans de domicile continu dans le royaume; 2° s'ils ont, en outre, épousé une Française, ou formé un établissement de commerce, ou reçu dans quelques villes le droit de *bourgeoisie*, nonobstant tous règlemens contraires, etc.

On voit que la prestation du serment civique investissait de la qualité de (*citoyens, qui est ici surabondante*) les étrangers déjà réputés *français* pour les autres causes (arr. de la Cour royale de Paris du 18 mars 1823 J. du Pal. p. 539).

Constitution du 3 septembre 1791, titre 2, article 3.

1o Cinq ans de domicile continu dans le royaume ; 2o acquisition d'immeubles, ou mariage avec une Française, ou formation d'un établissement d'agriculture ou de commerce ; 3o Prestation du serment civique.

Constitution du 5 fructidor an 3, article 1er.

1o Après vingt-un ans accomplis, déclaration d'intention de se fixer en France ; 2o résidence de sept années consécutives depuis cette déclaration ; 3o paiement d'une contribution directe ; 4o possession d'une propriété foncière ou d'un établissement d'agriculture ou de commerce, ou mariage avec une Française.

Constitutions du 22 frimaire an 8, et du 26 vendémiaire an 11; décret du 17 mars 1809; ordonnance royale du 14 octobre 1814.

Nul étranger n'est réputé français, s'il ne rapporte un décret ou une ordonnance royale, portant déclaration individuelle de naturalité, après la déclaration préalable et dix années de résidence, *ou* après avoir rempli les conditions exceptionnelles établies.

Doivent être inscrits, *comme n'étant point exclus par la loi :*

Les individus condamnés à l'emprisonnement à temps, pour autre cause que pour vagabondage, à l'interdiction

6.

de certains droits civiques et à l'amende.

Ceux condamnés même à une peine infamante, lorsqu'e les jugemens existant contr'eux ont été rendus par contumace (269).

JEUNES GENS A ÉCARTER DES TABLEAUX.

1o Ne sont pas susceptibles d'inscription sur les tableaux de recensement, *à titre d'étrangers* :

Les jeunes gens expatriés, dont les familles ont obtenu des lettres-patentes autorisant leur naturalisation en pays étranger ;

Le fils d'étranger né en France d'une mère française, et qui n'a pas réclamé la qualité de français, après sa majorité, en vertu de l'article 9 du Code civil, et n'a pas obtenu des lettres de déclaration de naturalité (262) ;

Les jeunes gens résidant dans le royaume, avec ou sans leurs parens, mais ap partenant à des départemens réunis pendant quelque temps à la France, et qui aujourd'hui n'en font plus partie (263);

Les jeunes gens nés en France, postérieurement au Code civil, d'étrangers non naturalisés à cette époque (voir ci-dessus, page 63, les lois sur la naturalisation), *quel que soit le temps de résidence en France de leur famille* (267);

Les jeunes gens absens en pays étranger, desquels, faute de nouvelles récentes l'existence n'est pas notoire (270).

Les jeunes gens dont les père et mère ou tuteur ont leur domicile légal dans les colonies françaises; (258)

2º Ne doivent pas être inscrits *comme exclus :*

Les repris de justice et les vagabonds ou gens sans aveu, déclarés tels par jugement (loi du 10 mars 1818).

Sont considérés comme repris de justice, les condamnés à des peines afflictives ou infamantes, ce qui comprend les travaux forcés à perpétuité, la déportation, les travaux forcés à temps, la réclusion, le carcan, le bannissement, la dégradation civique (38).

CHAPITRE III.

LIEU OU LES JEUNES GENS DOIVENT ÊTRE INSCRITS.

Voy. la loi du 10 *Mars* 1818, *art.*8, *page* 14.

Doivent être inscrits, tant d'après cet article, que d'après les solutions et instructions ministérielles ;

1° *Au domicile des père et mère :*

Tous ceux non mariés, quoique majeurs. Ils ne peuvent être autorisés à se faire inscrire sur les tableaux de recensement d'un autre canton (250);

Les jeunes gens mariés qui ne *justifient* pas de leur inscription au lieu de leur domicile réel. (Cette justification paraît facultative 251).

2° *Au domicile de la mère :*

Ceux dont le père est décédé, lors même qu'ils auraient un tuteur (257).

3° *Au domicile du tuteur :*

Les orphelins de père et de mère, non majeurs (254);

Les mineurs éleves d'hospices placés sous leur tutelle (255).

N. B. Les administrations des écoles d'arts et métiers, ou d'autres établissemens publics, sont assimilées aux tuteurs, à l'égard de leurs élèves qui sont orphelins de père et de mère (256).

Règles sur le domicile, puisées dans le Code civil, selon l'article 108 de l'instruction sur les appels, et dans l'article 152 du Manuel officiel du recrutement.

1° Le domicile est le lieu où on a son principal établissement (Co civ. 102); ce qui se manifeste notamment par l'exercice d'un état dans ce lieu, et par le paiement, tant de la contribution personnelle et mobilière, que de la patente (252) ;

2° Le changement de domicile s'opère par l'effet d'une habitation réelle dans un autre lieu, joint à l'intention d'y fixer son principal établissement (Code. civ. 103), Intention qui doit être prouvée par déclarations faites à la mairie du lieu que l'on a quitté, et à celle du nouveau domicile (Code civ. 104).

3°. L'acceptation de fonctions conférées, à vie, emporte translation immédiate du domicile au lieu où le fonctionnaire doit exercer ses fonctions (ibid. 107)

Seront inscrits à la résidence des jeunes gens.

Ceux qui sont mariés et qui ont un domicile réel, autre que celui de leurs père et mère, (251), voir le n°. 250, page 68.

Les orphelins de père et de mère, qui n'ont pas de tuteur, ou qui sont devenus majeurs ; (236, 254).

Ceux qui ne sont dans aucun cas prévu par l'article 8 de la loi, et qui ne justifient pas de leur inscription dans un autre canton.

Enfin, seront inscrits au lieu de leur naissance, les orphelins de père et

de mère privés de tuteur qui ne prou-
vent point être portés sur le tableau de
leur résidence (253.)

CHAPITRE IV.

PUBLICATION DES TABLEAUX DE RECENSE-MENT.

Les tableaux de recensement seront
publiés et affichés dans chaque commune , *et dans les formes prescrites par les
art. 63 et 64 du code civil.*

« Ladite publication, art. 63 sera faite
» à huit jours d'intervalle, un jour de
» dimanche, devant la porte de la mai-
» son commune. Cet acte énoncera en
» outre les jours , lieux et heures où les
» publications auront été faites (64);
» Un extrait de l'acte de publication
» (Ici *il faut entendre la copie exacte*

» *du tableau de recensement en placard)*
» sera et restera affiché à la porte de la
» maison commune , pendant les huit
» jours d'intervalle de l'une à l'autre pu-
» blication. »

Le dimanche où la première publication du tableau de recensement devra se
faire , sera indiqué à son de trompe ou
de tambour dans toute l'étendue de la
commune (273).

CHAPITRE V.

Examen des tableaux de recensement.

*Un avis publié dans les formes
prescrites par les articles 63 et 64 du
code civil (rapportés ci-dessus), indiquera les lieu jour et heure où il sera procédé à l'examen desdits tableaux. (Loi
du 10 mars 1818 art. 12).*

Cet avis sera publié les mêmes jours que les tableaux de recensement ; il tiendra lieu de convocation pour les jeunes gens de la classe (282).

Dans les cantons composés de plusieurs communes, cet examen aura lieu au chef-lieu de canton, en séance publique devant le sous-préfet. (Loi du 10 mars 1818, art. 12).

Le sous-préfet sera assisté des maires du canton. (Loi du 10 mars 1818, art. 12.) ou de leurs adjoints, s'ils sont empêchés.

Le tableau sera lu à haute voix ; les jeunes gens, leurs parens ou ayant causes, seront entendus dans leurs observations. (Loi du 10 mars 1818 art. 12).

Le sous-préfet demandera aux personnes présentes si elles connaissent des jeunes gens de la classe actuellement appelée qui n'aient pas été portés sur les tableaux, ou si les jeunes gens qui y ont été portés ont des réclamations à faire cor.tre leur inscription (295).

Le sous-préfet statuera après avoir pris l'avis des maires. (Loi du 10 mars 1818 , art. 12).

Le tableau rectifié, s'il y a lieu, et défi-nitivement arrêté , sera revêtu des signatures du sous-préfet et des maires. (Loi du 10 mars 1818 , article 12).

Lorsque les tableaux de recensement du canton auront été rectifiés, il ne pourra y être fait aucune addition ; et les jeunes gens de la classe actuellement appelée, qui, pour un motif quelconque, n'auraient pas été inscrits , seront renvoyés à la classe suivante et portés sur les tableaux de cette classe (301 et 302).

Les jeunes gens induement inscrits ou

maintenus pourront se pourvoir auprès du conseil de révision (303, 304.).

CHAPITRE VI.

Tirage.

Immédiatement après, chacun des jeunes gens appelés dans l'ordre du tableau, prendra dans l'urne un numéro qui sera de suite proclamé et inscrit ; les parens des absens, ou le maire de leur commune, tireront à leur place. (Loi du 10 mars 1818, art. 12).

Les communes du canton seront appelées pour le tirage, suivant l'ordre alphabétique de leurs noms ; et les jeunes gens de chaque commune, suivant l'ordre de leur inscription sur les tableaux de recensement (315).

A fur et à mesure que les jeunes gens

seront appelés, ils tireront de l'urne un numéro (316).

Dans aucun cas, l'opération du tirage ne pourra être recommencée ; et si, par erreur, le nombre de bulletins jetés dans l'urne se trouvait inférieur à celui des jeunes gens de la classe, ceux de ces jeunes gens pour qui les bulletins auraient manqué, seront renvoyés à la classe suivante.

S'il se trouvait un excédent de bulletins, les n^os non sortis seront considérés comme échus à des hommes exemptés.

Si plusieurs bulletins portant le même n° sont tirés de l'urne, les jeunes gens porteurs de ces n^os tireront entr'eux, et par exemple, si le n° qui leur est commun est 45, celui qui, dans le nouveau tirage fait entr'eux, aura le n° le plus élevé, sera inscrit sur la liste sous le n° 45 ; le n° venant après prendra le 45 bis, et le dernier prendra le 45 ter (323).

Un individu admis à tirer, quoique n'ayant pas l'âge requis, sera rayé et renvoyé à la classe à laquelle il appartient (324).

Les reclamations des jeunes gens seront inscrites séance tenante sur la liste du tirage, et pourront l'être sur les tableaux de recensement (333).

CHAPITRE VII.

Publicité de la liste du tirage.

La liste du tirage sera publiée et affichée dans chaque commune du canton (Loi du 10 mars 1818, art. 12).

L'affiche de la liste du tirage qui sera placardée au chef-lieu du canton, comprendra tous les jeunes gens du canton.

L'affiche qui sera placardée dans chacune des autres communes du canton, comprendra seulement les jeunes gens de la commune.

Cette affiche doit servir à donner à chacun des appelés l'assurance qu'aucune faveur n'a été faite à son préjudice, ou le mettre à même de réclamer, s'il se trouvait lésé dans ses droits.

TITRE II.

RÉVISION DES OPÉRATIONS PRÉCÉDENTES

CHAPITRE Ier.

COMPOSITION DU CONSEIL.

Ce sopérations seront revues en séance publique, dans un conseil composé, sous la présidence du Préfet, d'un conseiller de préfecture, d'un membre du conseil général du département, d'un membre de celui d'arrondissement et d'un officier général ou supérieur, désigné par le Roi. (Loi du 10 mars 1818, art. 13).

MM. les maires ou leurs adjoints, en cas d'empêchement, doivent y être présens.

Sa Majesté a approuvé que les intérêts du département de la guerre dussent y être défendus par les intendans ou sous-intendans militaires.

CHAPITRE II.

Nature et effets des décisions.

Hors le cas prévu par l'art. 16, les décisions du conseil de révision seront définitives. (Loi du 10 mars 1818, art. 13).

Questions d'état ou de droits civils.

Les questions prévues par l'art. 16 de la loi, peuvent être, l'allégation d'être étrangers ou de ne pas ou ne plus jouir des droits civils ; elles peuvent être aussi relatives à l'âge (440).

C'est contre le Préfet que les demandes devront être formées par les réclamans (446).

Le conseil de révision applique dans ses décisions ultérieures les conséquences des jugemens rendus définitivement (455).

Recours au conseil d'État.

Précédemment ce recours pouvait être exercé, même après la clôture de la liste du contingent, pour excès de pouvoir, contravention au texte de la loi, ou violation des formes ; mais ce conseil s'étant déclaré incompétent, cette voie demeure fermée, jusqu'à ce qu'une loi ait positivement déféré cette attribution à un tribunal supérieur (Avis du conseil d'État du 27 juillet 1820).

Rectifications des décisions.

Le conseil de révision peut revenir sur ses décisions jusqu'à la clôture de la liste du contingent, pourvu que les rectifications, n'aient pas pour effet de laisser des vides dans le contingent, ou d'y faire entrer des numéros libérés définitivement pendant la tournée (431, 432). voir ci-après.

Les jeunes gens, même omis de classes précédentes, doivent être admis jusqu'à la clôture de la liste du contingent, à faire valoir leurs droits à l'exemption ou à la dispense, soit que ces droits aient été acquis avant ou depuis la tournée du conseil dans les cantons.

Ordre à suivre dans l'examen des réclamations.

Les jeunes gens seront appelés dans

l'ordre de leurs nᵒˢ de tirage (479), voir ci-après.

Le conseil de révision ne peut refuser de faire droit à une demande motivée sur l'incapacité physique de servir et d'exempter le réclamant comme infirme, suivant le résultat de la visite, bien qu'il ait droit à l'exemption pour d'autres motifs que pour infirmités, ou même à la dispense ; en acquiesçant à ces sortes de demandes, le conseil ne s'expose pas à frustrer du bienfait de la loi un autre membre de la même famille, attendu que l'exemption d'un jeune homme, pour cause d'infirmités, n'entre pas dans les déductions qui doivent être faites en vertu du dernier paragraphe de l'art. 14.

Il faut remarquer enfin qu'un jeune homme qui, se trouve avoir tout-à-la-fois des droits à l'exemption pour infir mités seulement, et à la dispense, doit être dispensé de préférence s'il n'a point indiqué son choix (486).

CHAPITRE III.

Convocation des jeunes gens.

Les jeunes gens qui, d'après leurs numéros, pourront être appelés à la formation du contingent, seront convoqués, examinés et entendus. (Loi du 10 mars 1818, art. 10).

Les jeunes gens qui devront comparaître devant le conseil de révision, seront convoqués par des ordres individuels, qui rappelleront les pièces que chacun aura à produire.

S'ils ne se rendent pas à la convocation, ou s'ils ne sont pas représentés, il sera procédé comme s'ils étaient présens. (Loi du 10 mars 1818, art. 13).

CHAPITRE IV.

Matières des opérations du conseil.

Révision des tableaux de recensement et de la liste du tirage.

Le conseil vérifiera si tous ceux qui doivent être portés sur les tableaux et listes y ont été inscrits; il se fera donner des explications par les sous-préfets et par les maires, et recueillera les observations que pourraient lui faire les jeunes gens convoqués, ainsi que les parens de ces jeunes gens.

Le conseil de révision entendra ensuite les jeunes gens qui auraient à réclamer contre leur inscription sur les tableaux de recensement, ou contre les opérations du sous-préfet; il prononcera sur ces réclamations. (473).

Défaut de taille et infirmités.

Sont exemptés ceux qui n'auront pas la taille de 1 mètre 570 centimètres (4 pieds 10 pouces).

Ceux que leurs infirmités rendront impropres au service. (loi du 10 mars 1818, art. 14).

S'il existe le moindre doute sur l'identité du réclamant, l'exemption ne sera prononcée qu'autant que cette identité sera attestée par le maire ou l'adjoint, ou à leur défaut, par deux témoins domiciliés dans le canton auquel le réclamant appartient ou dans le lieu où siége le conseil de révision (510).

Le tableau d'infirmités joint à l'instruction générale sur la conscription ne fait pas autorité pour les conseils de révision (511).

Nul réclamant ne peut être ajourné à

la classe suivante, comme trop faible de constitution (512).

Lorsqu'un engagé volontaire, déjà renvoyé dans ses foyers pour inaptitude au service ou réformé pour infirmités, a concouru au tirage, comme appartenant à la classe, et si son n° le place dans le contingent, le conseil de révision le classera parmi les dispensés. Dans le cas ou l'acte d'engagement n'aurait pas été annulé, l'homme restera comme engagé à la disposition de l'autorité militaire (513).

Lorsqu'il s'agit de prononcer sur un homme mutilé, le conseil de révision doit prendre les mesures convenables, pour avoir des renseignemens positifs, sur les causes et les circonstances de la mutilation, et dans le cas où il résulterait des informations obtenues, qu'elle a été effectuée volontairement et dans l'intention, de la part du mutilé, de se soustraire au service militaire, cet homme serait compris dans le contingent, si son numéro l'y place, pour recevoir ultérieurement la destination indiquée par l'autorité supérieure (517 et 518).

Frères de militaires sous les drapeaux ; fils de veuves, d'aveugles et de vieillards ; aînés d'orphelins.

DISPOSITIONS COMMUNES.

Les enfans d'adoption seront admis à l'exemption prononcée par l'article 14 de la loi, si du reste ils sont dans l'un des cas prévus par cet art.; mais les enfans naturels non légitimés n'y auront pas droit, et il ne pourra être excipé de leur existence, soit pour faire obtenir, soit pour faire refuser cette exemption aux enfans légitimes de famille (499 et 500).

Les enfans de deux mariages et de *pères différens*, seront considérés comme appartenant à deux familles. Ceux de la première famille ne pourront faire obtenir ni refuser l'exemption à ceux de la seconde (502).

Aînés d'Orphelins.

Seront exemptés... l'aîné d'orphelins de père et de mère (loi du 10 mars, 1818, art. 14).

Sont susceptibles de cette exemption :

Parmi les orphelins, issus d'un *même père et de mères* différentes, l'aîné du premier lit seulement (520) ;

L'aîné d'orphelins de père et de mère, lors même que son aïeul existe encore (521) ou qu'il aurait lui-même des sœurs pour aînées, pourvu qu'il ait des sœurs moins âgées (522);

L'aîné d'orphelins de père et de mère, quand même son père, mort postérieurement à sa propre mère, et après un second mariage, aurait laissé une seconde femme survivante, pourvu qu'il existe *plusieurs* enfans du premier lit (526);

L'aîné d'orphelins, alors même qu'il n'aurait qu'un frère ou qu'une sœur moins âgée que lui (527);

Celui-là même dont les sœurs, plus jeunes que lui, seraient mariées (528).

Ne sont pas susceptibles d'exemption :

Celui qui ayant des sœurs pour aînées, n'a ni frère ni sœur au-dessous de son âge (523);

L'orphelin qui est enfant unique(524).

Celui dont les frères, du côté paternel, ont encore leur mère, excepté quand il existe plusieurs enfans du premier lit qui sont, comme le réclamant, orphelins de père et mère (525 , 526);

Celui qui aurait un frère aîné , quoique celui-ci soit infirme ou interdit pour cause de démence (529);

L'aîné d'enfans dont la mère est décédée et dont le père est mort civilement, par l'effet d'une peine infamante perpétuelle (530).

Fils et petit-fils de veuves et de vieillards septuagénaire ou d'aveugles.

Sera exempté le fils unique ou l'aîné des fils, et à défaut de fils, le petit-fils ou l'aîné des petits-fils d'une femme actuellement veuve, d'un père aveugle ou d'un vieillard septuagénaire (loi du 10 mars 1818 , art. 14).

L'exemption est due en conséquence :

1°. A celui qui la réclamera, en l'une de ces qualités, sans qu'on puisse lui opposer l'existence d'une ou de plusieurs sœurs (532);

2°. Au petit-fils d'un vieillard septuagénaire, d'une femme actuellement veuve ou d'un homme aveugle qui n'a pas de fils, mais qui a une fille mariée, (on a sans doute voulu dire *remariée*) et dont l'époux n'est pas le père du jeune homme. Ici le réclamant n'ayant plus de père se trouve dans le cas prévu par la loi qui accorde l'exemption au petit-fils unique, à défaut de fils unique (534);

3°. A l'aîné des enfans de deux ou plusieurs mariages, ayant pour mère commune une femme devenue veuve, attendu qu'ils sont considérés, *dans ce cas*, comme ne formant qu'une seule famille (535);

4°. Au fils unique ou à l'aîné des fils d'une seule mère veuve, alors même que celui-ci aurait des frères aînés du même père décédé et d'une mère différente, attendu que, dans ce cas, les enfans sont considérés comme étant de familles différentes (536);

5°. Au petit-fils d'une veuve, soit que l'aïeul appartienne à la ligne paternelle ou maternelle (542);

6°. Au fils ou petit-fils (aîné ou unique) d'un vieillard qui a commencé sa soixante-dixième année (543);

7°. A celui qui est fils de veuve ou de septuagénaire, bien que cette veuve ou ce vieillard subisse une peine infamante temporaire (545);

L'exemption n'est pas due 1°. au jeune

homme petit-fils unique ou petit-fils aîné
d'une femme actuellement veuve (ou
d'un homme aveugle ou d'un vieillard
septuagénaire) qui n'a point d'enfans,
mais qui a un gendre, père de ce jeune
homme, attendu que, dans cette famille,
le réclamant n'est qu'au second degré de
la ligne descendante, et que son père,
qui est au premier, et sous la puissance
duquel il se trouve, est plutôt que lui,
le soutien de l'aïeul (533);

2°. Au fils unique d'une femme veuve
d'un premier mari, remariée ou divorcée, tant que son mari est vivant (537);

3°. Au fils d'une femme divorcée, bien
que le mari soit remarié (538);

4°. Au fils d'une femme de militaire
disparu aux armées, qui ne justifie pas
de la perte de son père, selon les formes
établies par le code civil (539);

5°. Au fils d'une femme dont le mari est mort civilement, étant condamné aux travaux forcés à perpétuité (540);

6°. Au fils puîné d'une veuve, même lorsque l'aîné est infirme ou en démence (541);

7°. Au fils ou petit-fils d'une veuve ou d'un septuagénaire mort civilement (545);

8°. Au fils ou petit-fils d'un vieillard, non septuagénaire ni aveugle, quelque soit sa position (544);

Frères concourant au même tirage.

Sera exempté le plus âgé des deux frères désignés tous deux par le sort dans un même tirage (loi du 10 mars 1818, art. 14).

Auront droit à cette exemption :

Le frère aîné d'un jeune homme atteint par le sort dans le même tirage, lors même que, dans la famille, il y aurait eu un frère exempté pour d'autres motifs que pour infirmités (550 *bis*).

Observations.

Lorsque deux frères sont jumeaux, et lorsque les actes de naissance établissent un rapport d'antériorité, il y a lieu d'accorder l'exemption à celui qui a vu le jour le premier ; si les actes n'établissent pas ce rapport, l'exemption est acquise à celui qui a le numéro le plus élevé (551).

S'il arrivait que deux frères, appartenant à la même classe, réclamassent l'exemption pour le motif qu'ils ont un frère aîné au service, ou mort, ou réformé pour blessures, etc, ce ne serait plus le §. numéro 5 de l'article 14 de la loi qu'il faudrait leur appliquer, mais bien le numéro 6. En conséquence, l'exemption serait dévolue à celui des deux réclamans qui, ayant le numéro du tirage le moins élevé, devrait partir le premier (554 *bis*).

Les enfans de deux mariages et de pères différens, seront considérés comme appartenant à deux familles : ceux de la première ne pourront faire obtenir ou refuser l'exemption à ceux de la seconde.

L'aîné de deux frères concourant au même tirage n'est point fondé à réclamer l'application de l'article 14 de la loi dans les cas ci-après :

1º Si le numéro du tirage de son frère puîné n'est point atteint par les désignations faites pour la formation du contingent (548) ;

2º Si ce frère puîné, étant appelé

pour la formation du contingent, est exempté lui-même pour un motif quelconque, ou se trouve dans un des cas d'exclusion prévus par l'article 2 de la loi (549); ou bien,

3° Si ce même frère, ayant été compris dans la liste du contingent, y est inscrit comme dispensé, soit en qualité d'élève ecclésiastique promu aux ordres sacrés, soit comme ayant obtenu l'un des grands prix décernés par l'institut royal, ou le prix d'honneur décerné par l'université (550);

Est également privé de l'exemption, l'un des deux frères ayant concouru dans un même tirage, lorsque l'autre se fait remplacer, à moins que l'exemption (de son essence absolue et définitive) ait été accordée avant le remplacement, cas auquel cette exemption ne pourrait plus être retirée (552, 553).

Frères présens sous les drapeaux.

Est exempté celui dont un frère sera sous les drapeaux, à quelque titre que ce soit (*loi du 10 mars 1818, art. 14*).

TABLEAU, approuvé par le Roi le 5 novembre 1818, des officiers généraux, supérieurs et autres brevetés, de tout grade et de tout rang, et des militaires immatriculés dans les corps de l'armée, qui sont sous les drapeaux.

1º Officiers généraux ou supérieurs et autres, faisant partie de l'état-major général de l'armée. — Officiers brevetés de la maison militaire du Roi. — Officiers supérieurs et officiers de tout grade, composant le corps spécial d'état-major. — Officiers d'état-major des places. } Actuellement pourvus de lettres de service, et en activité.

2° Officiers supérieurs et officiers de tout grade, faisant partie des corps de toutes armes de la garde royale et de la ligne, de la gendarmerie, des compagnies sédentaires et des compagnies de discipline. } *En activité de service.*

3° Sous-officiers, caporaux et brigadiers, tambours, trompettes et musiciens servant comme appelés ou comme engagés volontaires. — Soldats, sous quelque dénomination qu'ils soient désignés. } *En activité dans des régimens, bataillons, escadrons ou compagnies de toutes armes.*

4° Jeunes soldats, bien que non incorporés. — Gendarmes (558),

Ajouter à cette nomenclature, d'après les instructions ministérielles :

1°. Les officiers du corps royal de la marine, ce qui comprend, les vice-amiral, contre-amiral, capitaine de vaisseau, capitaine de frégate, lieutenant de vaisseau, lieutenant de frégate, enseigne de vaisseau et élève ; sous-officiers et soldats des corps d'artillerie et d'infanterie de marine, des équipages de ligne de la marine, des gardes nationales mises à la disposition du ministre de la guerre, des sapeurs-pompiers de la ville de Paris, *pourvu qu'ils soient tous en activité de service* (568 à 571) ;

2°. Les pages du Roi et les élèves des écoles militaires brevetés officiers (567) ;

3°. Les ingénieurs géographes, appartenant aux troupes de terre s'ils sont pourvus de lettres de service et sont en activité (559);

4° Les inscrits maritimes embarqués sur les bâtimens du Roi, *pendant la guerre seulement* (570);

5°. Les militaires provisoirement renvoyés dans leurs foyers, et qui n'ont pas encore reçu de congé de renvoi (564);

6°. Les militaires porteurs d'un congé illimité renvoyés dans leurs foyers, comme *excédant l'effectif*, et non par suite de leur demande ou de celle de leur famille (593);

7°. Les militaires détenus, pour autre cause que pour désertion et non condamnés à une peine infamante (582 et 583);

8°. Les militaires disparus à l'armée et dont on n'a plus de nouvelles (581);

9°. Les militaires faisant *sous les dra-*

peaux un service territorial de vétérans (565).

*Ne sont pas considérés comme étant
sous les drapeaux, sous le rapport des
exemptions à accorder, d'après le sixième
paragraphe de l'article 14 de la loi :*

Les officiers généraux, supérieurs et
autres, de toute arme, de tout grade et
de tout rang, qui sont en non-activité
avec ou sans traitement, même ceux qui
sont disponibles ou font partie des cadres d'organisation de l'état-major, sans
lettres de service (1).

----

(1) Il ne s'agit, dans ce tableau, que des militaires compris dans la présente cathégorie, et les
officiers qui se trouvent dans celle portée sous les
paragraphes 3 et 4 de l'article 14 de la loi, ne peuvent être privés du droit qu'elle accorde à tous les
militaires réformés pour causes de blessures ou
d'infirmités contractées à l'armée, d'exempter un
de leurs fréres du service de l'armée active.

Les aumôniers,
Les officiers de santé } commissionnés pour être employés dans les corps, ou dans les hôpitaux ou établissemens militaires.

Les inspecteurs (non militaires) des fonderies et des poudres et salpêtres ;

Les contrôleurs des manufactures d'armes, de forges ou de fonderies, non plus que les maîtres-ouvriers attachés à ces fonderies ;

Les employés attachés aux écoles qui sont dans les attributions du ministre de la guerre ;

Les élèves de ces mêmes écoles non brevetés officiers ;

Les employés des hôpitaux et tous autres attachés aux divers services de l'armée ;

Les secrétaires-écrivains des places ;

Les portiers-consignes ;

Les musiciens - gagistes qui n'ont été incorporés, ni comme engagés volontaires, ni comme appelés ;

Les maîtres-ouvriers et ouvriers des corps qui n'ont été incorporés, ni comme engagés volontaires, ni comme appelés ;

Les enfans de troupes (560).

Supplément à cette nomenclature.

1° Officiers de santé tirés d'un corps, ou jeunes soldats avant leur admission au service de santé (561) ;

2° Artistes vétérinaires commissionnés et employés dans les établissemens militaires, ou à la suite des corps (562).

3° Porteurs de sursis illimités de départ comme soutiens de leur famille (566) ;

4° Jeunes soldats remplacés, admis par le conseil de révision, mais non imma-

(106)

triculés comme jeunes soldats (572,573);

5° Ouvriers des poudres et salpêtres (574);

6° Préposés des douanes (575) ;

7° Militaires détenus aux travaux publics ou au boulet pour désertion (583);

8° Militaires en état de désertion, lequel état cesse, soit par l'acquittement du prévenu, soit par son renvoi au corps sans jugement (585); ce qui doit être prouvé avant la clôture de la liste (586) ;

9° Militaires porteurs d'un congé illimité, lorsqu'eux ou leurs familles en ont fait la demande (593) ;

10°. Militaires en activité qui sont les pères et non les frères du réclamant (594).

Frères morts en activité de service.

Ont droit à l'exemption, 1° les frères de militaires et marins disparus aux armées, et desquels on a cessé d'avoir des nouvelles, attendu qu'ils sont considérés comme décédés, ou s'ils existent, comme étant au service (581);

2° Les frères d'un militaire mort avant d'arriver au corps, pourvu qu'il ait été mis en route comme engagé, appelé, remplaçant ou substituant (579), et ce, alors même qu'il aurait été dirigé en vertu de lois antérieures à celle du 10 mars 1818 (580);

3° Frères de militaires morts dans les bataillons coloniaux, compagnies de pionniers, compagnies de discipline, et dans tous autres corps de punition, même dans les dépôts de réfractaires (590, 591).

Ne doivent point être admis à l'exemption :

1° Le jeune homme dont le frère est

mort én état de désertion, ou celui dont le frère, signalé comme déserteur, sera mort, soit avant, soit après sa condamnation (587 et 588);

2° Le frère d'un militaire qui a été fusillé par suite d'une condamnation (589).

Frères de militaires réformés pour blessures reçues ou infirmités contractées à l'armée.

Sont susceptibles d'exemption :

1° Les frères de militaires ou marins de tout grade, réformés pour blessures ou infirmités, bien que ces militaires ou marins jouissent d'une pension, ou quoi-qu'ils soient décédés (576);

2° Les frères des sous-officiers et sol-dats ou marins admis à la retraite ou à l'hôtel des Invalides, attendu qu'il y a lieu de penser qu'ils ont obtenu l'un ou l'autre avantage par suite de blessures ou d'infirmités (577) ;

3° Le frère d'un militaire ou marin réformé pour blessures ou infirmités, alors même que le congé ou le document authentique destiné à le remplacer ne déterminerait pas la cause directe de la blessure ou de l'infirmité, à moins qu'un document ou renseignement parvenu au conseil, n'assigne auxdites blessures ou infirmités une cause antérieure au service militaire du même frère (578).

Ne doivent pas jouir de l'exemption :

1° Les frères des militaires libérés du service, pour ancienneté, et susceptibles d'être inscrits au contrôle des vétérans (592) ;

2° Les frères des militaires réformés pour blessures ou infirmités, lorsqu'il résulte des pièces ou documens officiels transmis au conseil de révision, que les blessures ou infirmités de ces derniers existaient à l'époque de leur incorporation (578).

Nombre d'exemptions à accorder dans la même famille.

DISPOSITIONS COMMUNES AUX DIVERS CAS.

Ladite exemption sera appliquée dans la même famille autant de fois que les mêmes droits s'y reproduiront.

Seront comptés néanmoins , en déduction desdites exemptions, les frères vivans libérés en vertu du présent article, à tout autre titre que pour infirmités (loi du 10 mars 1818, article 14).

Si deux ou plusieurs frères sont en activité, ou réputés y être, aux termes des instructions, l'exemption est acquise à autant de frères de la même famille, et jamais à un plus grand nombre (597). Cette règle est applicable au frère d'un militaire réformé pour blessures ou infirmités contractées au service (598).

Doivent entrer dans la déduction des exemptions accordées dans la même famille, celles seulement qui l'ont été en vertu de l'article 14, à un autre titre que pour infirmités ; de ce nombre sont les exemptions prononcées pour défaut de taille : ainsi un jeune homme qui a deux frères aînés, dont l'un est exempté pour défaut de taille, et dont l'autre est en activité de service, n'est pas fondé à réclamer l'exemption (599 à 601).

La déduction n'a pas lieu,

1° Pour les hommes placés dans le temps à la fin du dépôt, ou ceux libérés du service militaire, ou amnistiés par les lois et règlemens antérieurs à la loi du 10 mars 1818 (602);

2o Pour les jeunes dispensés en vertu de l'art. 15 de la loi; ou ceux exemptés, soit comme mariés, soit comme anciens militaires (603);

3o Pour ceux non atteints par les désignations, et libérés définitivement pour ce motif (603);

4oPour le frère qui aurait été exempté et serait mort ensuite, lors même que la demande serait fondée sur le motif qui aurait donné lieu à l'exemption du frère décédé (604);

5o Enfin, quand dans une famille il y a trois frères dont le premier a été exempté pour d'autres motifs que pour infirmités, et dont les deux autres se trouvent concourir au même tirage, il n'y a pas lieu à déduire, au préjudice du plus âgé de ces deux derniers, l'exemption accordée précédemment (604 *bis.*)

Si un jeune homme appartenant à une classe non appelée a été admis comme remplaçant de son frère (voir ci-après), le conseil de révision doit, dans le cas et au moment de la désignation ultérieure de son numéro de tirage, le noter *comme exempté,* et le remplacer dans le contingent (595) ;

S'il existe un troisième frère dans la famille, ce dernier ne serait fondé à réclamer l'exemption qu'autant qu'ayant été appelé postérieurement à la levée de la classe dont le remplaçant fait partie, le remplaçant aurait obtenu au tirage un numéro non atteint par la désignation, et n'aurait pas eu besoin de réclamer l'exemption à laquelle la famille avait droit, en raison de l'appel du frère aîné.

Anciens militaires.

Les anciens sous-officiers et soldats ne pourront être rappelés sous les drapeaux, s'ils ne demandent à contracter des engagemens. Ils ne seront plus assujettis qu'au service territorial des vétérans (loi du 10 mars 1818, article 24).

Nous omettons ce qui concerne les militaires licenciés en 1815, aucun d'eux ne pouvant appartenir aux classes à appeler.

Un enrôlé volontaire qui s'est fait remplacer au corps, et dont le remplaçant est mort sous les drapeaux, ou ne fait plus partie de l'armée, doit être admis à l'exemption (616).

Cependant, si le remplaçant avait été licencié depuis la publication de la loi du

10 mars, sans avoir terminé le temps fixé dans l'acte d'engagement, l'exemption ne serait pas acquise au remplacé (617).

Les officiers réformés, de même que les officiers mis à la retraite, qui, d'après leur âge, feraient partie de la classe appelée, doivent être exemptés, ainsi que les gardes du corps qui justifient d'un congé ou d'un certificat constatant qu'ils ne sont pas démissionnaires (618, 620).

Ne sont pas susceptibles d'être exemptés : 1º les officiers démissionnaires, quel que soit le motif de leur démission; 2º les officiers de santé licenciés; 3º les anciens élèves des écoles militaires et de la marine, s'ils n'étaient pas brevetés officiers, ou si, brevetés comme officiers, ils ont quitté l'école volontairement; 4º ceux qui réclament comme anciens élèves de l'école Polytechnique (619, 621 à 625);

5.º les hommes qui ont été renvoyés dans leurs foyers depuis la publication de la loi, pour autre cause que pour ancienneté de service, et notamment ceux qui ont fait partie des corps licenciés (614).

Dispositions communes à tous les cas de dispense.

Les droits acquis par les ecclésiastiques promus aux ordres sacrés, par les jeunes gens qui ont obtenu un des grands prix décernés par l'Institut royal, ou le prix d'honneur décerné par l'Université, étant irrévocables, les jeunes gens qui se trouvent compris dans l'une de ces trois catégories ne peuvent être repris pour le service militaire (627).

Les jeunes gens dispensés pour tout autre motif et compris dans le contingent seront repris pour le service, et tenus d'y rester jusqu'au renvoi de leur classe, si avant cette époque ils perdent et abandonnent leur état, profession , ou emploi, ou l'école, ou service dans lesquels ils auraient été admis, et s'ils n'ont pas de droit à l'exemption (628, 1996).

Dispenses pour service militaire.

Seront dispensés , considérés comme ayant satisfait à l'appel, et comptés numériquement en déduction du contingent à fournir, les jeunes gens désignés , par leur numéro , pour faire partie dudit contingent, qui se trouveront dans un des cas suivans :

Ceux qui ont contracté un engagement volontaire dans un corps de l'armée (loi du 10 mars 1818, art. 15).

Cette catégorie comprend 1º les engagés volontaires à l'époque de la clôture de la liste, quelle que soit la date antérieure de l'engagement (632);

2° Celui qui a été déclaré impropre au service et renvoyé dans ses foyers, si son acte d'engagement n'a pas été annulé judiciairement, sans préjudice du droit qu'a l'autorité militaire de le faire incorporer comme engagé, s'il a recouvré le degré d'aptitude suffisant pour ce service (633);

3° Celui qui est en état de désertion (634);

4° L'engagé condamné aux travaux publics comme déserteur, même dans le cas où il subirait sa peine à l'époque de l'appel de la classe (635) ;

5o L'engagé qui s'est fait remplacer au corps et dont le remplaçant est en activité, en congé de semestre, en congé illimité, ou même en état de désertion, à la charge, dans ce dernier cas, de suivre l'effet de la responsabilité légale des remplacés (636 , 637 , 638);

6° L'engagé volontaire détenu et non condamné à une peine afflictive ou infamante et non exclus par l'article 2 de la loi (639);

7° Les jeunes gens qui servent comme officiers dans les cadres de l'armée, et ceux brevetés qui sont en activité, lors même qu'ils seraient en instance pour la retraite (640 et 641);

8° L'officier nommé à un emploi civil dans une école militaire, attendu qu'il ne doit pas être considéré comme démissionnaire, et qu'il est en non activité (643);

9° Les gardes du génie, s'ils sont liés au service par un engagement : dans le cas contraire ils n'ont pas droit à la dispense, mais ils sont maintenus dans leur emploi au moyen d'une lettre de passe (644, 1099) ;

10° Les jeunes gens qui font partie des troupes de la marine ; les gardes chiourmes (647, 657).

Ne sont pas susceptibles d'être dispensés, 1° les officiers qui viennent à donner leur démission, attendu qu'ils doivent terminer le temps de service voulu par la loi ; ils doivent être repris s'ils ont déjà obtenu la dispense (642) ;

2° Les employés ou ouvriers de manufactures d'armes, lesquels néanmoins peuvent être maintenus dans leurs fonctions si le bien du service l'exige (645) ;

3° Les gardes nationaux et sapeurs-pompiers, excepté les sapeurs-pompiers de la ville de Paris, qui font partie de l'armée (646) ;

4° Ceux qui ont obtenu des congés de grâce dans la marine (648);

5° Les jeunes gens faisant un service dans les milices coloniales (649);

6° Les hommes composant les brigades des douanes (658).

Jeunes marins.

Seront dispensés...., etc. les jeunes marins portés sur les registres matricules de l'inscription maritime, conformément aux règles prescrites par les articles 1, 2, 3, 4 et 5 de la loi du 3 brumaire an 4, et les charpentiers, perceurs, voiliers et calfats, immatriculés conformément à l'article 44 de ladite loi.

« Il y aura une inscription particu-
» lière de citoyens français qui se
» destineront à la navigation. (Loi

» du 3 brumaire an 4 , art. 1er).

» Sont compris dans l'inscription
» maritime, 1º les marins de tout grade
» et de toute profession, naviguant dans
» l'armée navale ou sur les bâtimens de
» commerce ;

» 2º Ceux qui font la navigation ou
» la pêche de mer sur les côtes ou dans
» les rivières jusqu'où remonte la ma-
» rée, et pour celles où il n'y a pas de
» marée, jusqu'à l'endroit où les bâti-
» mens de mer peuvent remonter ;

» 3º Ceux qui naviguent sur les pa-
» taches, alléges, bateaux et chaloupes,
» dans les rades ou les rivières, jusqu'aux
» limites ci-dessus indiquées (*Ibid.*,
» art. 2).

» Tout citoyen qui commence à na-
» viguer, ne pourra s'embarquer ni être
» employé sur les rôles d'équipage d'un

» bàtiment de guerre ou de commerce,
» que sous la dénomination de *mousse*
» depuis l'âge de dix ans jusqu'à
» quinze ans accomplis, et sous celle
» de novice au-dessus de ce dernier
» âge.

» Néanmoins, tout mousse ou novice
» qui, ayant navigué pendant six mois
» dans l'une de ces deux qualités, aura
» en outre satisfait à l'examen prescrit,
» sera employé sous la dénomination
» d'aspirant de *la dernière classe* (*Ibid.*,
» art. 3).

» Il sera donné connaissance des dis-
» positions de la présente loi à tout ci-
» toyen commençant à naviguer, et il
» sera inscrit sur un rôle particulier.
» (*Ibid.*, art. 4).

» Sera compris dans l'inscription ma-
» ritime tout citoyen âgé de dix-huit

» ans révolus, qui, ayant rempli une
» des conditions suivantes, voudra con-
» tinuer la navigation ou la pêche :

» 1° D'avoir fait deux voyages de
» long cours ;

» 2° D'avoir fait la navigation pen-
» dant dix-huit mois ;

» 3° D'avoir fait la petite pêche pen-
» dant deux ans ;

» 4° D'avoir servi pendant deux ans
» en qualité d'apprenti marin.

» A cet effet, il se présentera, ac-
» compagné de son père ou de deux de
» de ses plus proches parens ou voisins,
» au bureau de l'inscription de son quar-
» tier, où il lui sera donné connaissance
» des lois et règlemens qui déterminent
» les obligations et les droits des marins
» inscrits (*Ibid.,* art. 5).

» Les charpentiers de navires, per-

» ceurs, calfats, voiliers poulieurs,
» tonneliers, cordiers et scieurs de
» long, exerçant leur profession dans les
» ports et lieux maritimes, et non in-
» scrits comme marins, seront appelés
» dans les ports militaires, dans les cas
» de guerre, de préparatifs de guerre
» ou de travaux extraordinaires ou con-
» sidérables. Il en sera tenu un enregis-
» trement particulier dans les bureaux
» de l'inscription ; et ils seront dispen-
» sés de toutes autres réquisitions que
» celles relatives au service de l'inscrip-
» tion maritime (*Ibid.*, art. 44).

La dispense résultant de l'inscription militaire n'est due qu'à ceux qui font la navigation sur les côtes ou dans les rivières jusqu'à l'endroit où remonte la marée, où jusqu'à l'endroit où les bâti-mens de mer peuvent remonter. Ainsi, l'inscrit qui ne naviguerait que sur des points plus élevés d'une rivière n'aurait pas droit à la dispense.

Un marin ou ouvrier de marine qui, pendant son absence en mer où ailleurs, est désigné pour la formation du contingent de la classe appelée, et qui ne remplit pas à l'époque du tirage les conditions pour être inscrit, appartient dès ce moment à l'armée de terre, et doit suivre à son retour la destination qui lui a été assignée, à moins qu'il ne puisse completter, avant la clôture de la liste, le temps du voyage exigé, et qu'il produise le certificat d'inscription au jour de cette clôture (652 et 653).

Officiers de santé militaires.

Seront dispensés...... les officiers de santé commissionnés et employés dans les armées de terre et de mer. (Loi du 10 mars 1818, art. 15.)

Elèves ecclésiastiques.

Seront dispensés... les jeunes gens régulièrement autorisés à continuer leurs études ecclésiastiques , sous la condition qu'ils perdront le bénéfice de la dispense, s'ils n'entrent point dans les ordres sacrés.

Cette disposition est applicable aux divers cultes salariés par l'Etat (ibid.).

Ces cultes sont : les cultes *catholique* apostolique et romain , luthérien , calviniste (loi du 18 germinal an 10).

Les réclamans doivent avoir commencé leurs études dans un des établissemens qui y sont consacrés (660).

Elèves de langues.

Ces élèves sont destinés aux emplois d'interprètes dans le Levant.

Élèves de l'école Polytechnique et des écoles de services publics...

De ce nombre sont les élèves des écoles des ponts et chaussées et des mines.

Cette dispense n'est pas applicable, 1° aux élèves des écoles vétérinaires de Lyon et d'Alfort, mais ils peuvent être admis à continuer leurs cours, sauf à être incorporés lors de leur sortie de l'école comme jeunes soldats, s'ils ne sont pas employés comme vétérinaires, soit à la suite des corps, soit dans les établissemens militaires (665); 2° aux élèves des écoles de mineurs de St.-Etienne, de l'école forestière de Nancy, des écoles des arts et métiers (676 et 677).

Les jeunes gens ayant fait des études pour le service de santé ou tout autre service spécial de l'armée, pourront être employés à l'un de ces services avec l'autorisation du ministre de la guerre, après avoir justifié de leur capacité (1099).

Membres de l'instruction publique.

Seront dispensés..... les élèves de l'école Normale et autres membres de l'instruction publique qui contractent devant le conseil de l'Université l'engagement de se vouer pendant dix années à ce service. Cette disposition est applicable aux frères des écoles chrétiennes. (Loi du 10 mars 1818, art. 15).

La dispense pour ceux qui se vouent pendant dix ans à cette instruction est applicable , à la charge d'en prendre l'engagement, avant le tirage :

1° Aux élèves de l'école Normale , quel que soit leur emploi (cette école est supprimée) (666);

2° Aux professeurs des facultés des colléges royaux (667);

(130)

3° Aux agrégés et maîtres élémentai-
res, munis de brevets délivrés par les autorités compétentes (668);

4° Aux maîtres d'études des colléges
royaux qui ont une nomination déli-
vrée par l'autorité compétente (669);

5° Aux principaux et régens des colléges communaux, également brevetés
(670);

6°. Aux frères des écoles chrétiennes (671);

7° Aux instituteurs primaires nommés et approuvés suivant les formes
voulues par les ordonnances en vigueur
sur l'instruction publique (672).

La loi n'ayant entendu faire jouir de
la dispense les personnes qui se livrent
à l'instruction publique, qu'autant qu'elles font partie du corps de l'Université,
les chefs, professeurs et maîtres des mai-

sons d'éducation particulières doivent suivre la chance de leurs n^os de tirage, et être mis en route lorsque ces n^os sont appelés (673.)

Elèves des écoles militaires.

Seront dispensés les élèves des écoles spéciales militaires et de la marine (loi du 10 mars 1818 art. 14).

Sont compris parmi ceux des écoles militaires les pages du Roi (697, 631).

Jeunes gens ayant remporté des grands prix.

Seront dispensés les jeunes gens qui ont remporté un des grands prix décernés par l'Institut royal ou le prix d'honneur décerné par l'Université. (Loi du 10 mars 1818, art. 15).

CHAPITRE V.

JUSTIFICATIONS DES DROITS A L'EXEMP-TION OU A LA DISPENSE.

« Dans les cas d'exemption pour in-
» firmités, les gens de l'art seront con-
» sultés.

« Les autres cas d'exemption ou de
» dispense seront jugés sur la produc-
» tion de documens authentiques ou de
» certificats signés du maire de la com-
» mune du réclamant, et de trois pères de
» famille domiciliés dans le même can-
» ton, dont les fils sont soumis à l'ap-
» pel, ou ont été appelés et sont sous les
» drapeaux » (loi du 10 mars 1818,
art. 13).

Dispositions communes aux exemptions et aux dispenses.

Jusqu'au jour de la clôture de la liste départementale du contingent, les pères de jeunes gens d'une classe appelée, quels que soient les droits que leurs fils puissent avoir à l'exemption ou à la dispense, ont caractère pour signer les certificats dans lesquels l'intervention de trois pères de famille est exigée (682).

Dans aucun cas, les pièces produites ne peuvent être examinées par un autre département que celui du domicile (683).

Un certificat pourra être exigé subsidiairement du maire, de l'adjoint, ou de deux témoins pour constater l'identité des jeunes gens réclamant pour cause d'infirmités (688).

Les parties peuvent obtenir expéditions des pièces produites (687).

Pièces relatives aux exemptions.

Un jeune homme qui reclame l'exemption comme ayant un frère appelé à l'activité, ou enrôlé volontairement, n'est pas tenu de prouver que ce frère n'est point en état de désertion ; mais si les documens qui sont transmis officiellement au Préfet, ont établi l'état de désertion, c'est au réclamant à fournir la preuve que cet état de désertion n'existe plus (694).

Il n'est pas nécessaire que le congé de réforme, pour cause de blessures ou d'infirmités (ou tout autre pièce authentique) exprime que la blessure a été reçue sur le champ de bataille ou que l'infirmité provient du fait même du service militaire (695).

Cependant, l'exemption ne pourrait

pas être prononcée, s'il résultait du con-
tenu de cette pièce, ou des renseignemens parvenus au conseil de révision,
que lesdites blessures ou infirmités existaient déjà, au moment de l'admission du
militaire sous les drapeaux.

Les congés délivrés comme provi-
soires et non rendus définitifs par la signature des inspecteurs généraux d'armes n'en seront pas moins regardés
comme valables (697).

Le frère d'un militaire disparu aux
armées, peut, à défaut d'acte ou de certificat authentiques de décès ou d'extrait
de registre matricule, certifié ou légalisé, ou enfin de certificat de l'autorité
militaire, constatant la disparution sous
les drapeaux et la non-désertion, y suppléer par un certificat du maire (dont
le modèle est à la fin de ce volume).

Néanmoins, les conseils de révision sont juges de l'authenticité du document (698).

CHAPITRE VI.

JEUNES GENS ABSENS DU DÉPARTEMENT.

Les jeunes gens absens du département de leur domicile à l'époque de la tournée du conseil de révision, doivent être convoqués à comparaître devant celui du département de leur résidence, mais seulement pour y être *visités* ou *mesurés*, attendu que les infirmités ou le défaut de taille sont seuls de la compétence de ce dernier conseil. Tous autres motifs d'exemption ou de dispense, ne peuvent être jugés que par le conseil de révision du département où le jeune homme a concourru au tirage (737).

CHAPITRE VII.

DÉLAIS ACCORDÉS.

Le conseil de révision peut accorder un délai, mais seulement jusqu'à la clôture de la liste départementale du contingent, aux jeunes gens qui ne peuvent immédiatement faire constater leurs infirmités, ou produire toutes les pièces destinées à établir leurs droits à l'exemption ou à la dispense (741).

La décision du conseil de révision est suspendue, même au-delà de l'époque de la clôture de ladite liste, à l'égard seulement des jeunes gens qui sont en instance, devant les tribunaux, pour faire décider des questions relatives à leur état et à leurs droits civils ou à leur âge (750).

12.

TITRE III.

CONTINGENS, SUBSTITUTIONS ET REM-PLACEMENS.

CHAPITRE Ier.

SUPPLÉANS.

Le conseil de révision désignera un nombre de suppléans double de celui des jeunes gens dont le sort demeurera indécis, soit comme ayant réclamé devant les tribunaux, ainsi qu'il a été dit page 137, soit comme absens, soit comme ayant obtenu un délai (752).

Le conseil de révision mettra aussi en réserve quelques numéros (deux au moins par canton), pour les jeunes gens désignés qui viendraient à décéder ou à acquérir des droits à l'exemption, dans l'intervalle de la tournée du conseil et de la clôture de la liste départementale du contingent (755).

Il convient de ne mettre en réserve que des sujets qui, au moyen d'un examen supplémentaire, fait dans l'ordre des numéros de tirage, seraient reconnus n'avoir aucun droit à l'exemption (757).

Ils ne devront pas être désignés particulièrement pour suppléer tel ou tel individu, mais seront solidaires, les uns des autres, pour tous les hommes du même canton qui ne seraient pas maintenus dans le contingent (759).

Après la mise en réserve des numéros, le conseil annoncera la libération de tous les jeunes gens du canton, porteurs de numéros plus élevés que le dernier de ceux qui auront été mis en réserve (760).

Au moment de la clôture de la liste départementale du contingent, le conseil de révision ne peut, sous aucun prétexte, laisser des numéros en réserve, autres que ceux qui sont appelés conditionnellement, en vertu de l'art. 16 de la loi, pour remplacer, au besoin, dans le contingent, les jeunes gens qui ont fait des réclamations dont l'admission ou le rejet dépend des décisions judiciaires à intervenir (785 et 786).

Dans ce dernier cas, les suppléans seront pris exclusivement dans les cantons des suppléés, en nombre égal à ces derniers, et leur inscription aura lieu au supplément de la liste d'après l'ordre des numéros de tirage (787, 788, 789).

CHAPITRE II.

LISTE DÉPARTEMENTALE, PUBLICATION DES DERNIERS NUMÉROS APPELÉS ET LIBÉRATION DÉFINITIVE.

Le conseil déclarera, après avoir arrêté la liste du contingent, que les jeunes gens qui ne sont pas inscrits sur cette liste sont définitivement libérés ; cette déclaration, avec l'indication du dernier numéro compris dans le contingent cantonal, sera publiée et affichée dans chaque commune du canton, etc. (Loi du 10 mars 1818, art. 17).

Les hommes dont le numéro de tirage serait plus élevé que le dernier numéro appelé, et qui auraient été exemptés pour la mise en réserve de ceux destinés à suppléer les hommes manquant dans le contingent cantonal, ne devront pas moins être compris dans la proclamation de la libération, et l'exemption qui leur avait été accordée, sera regardée comme non avenue et ne pourra être opposée ultérieurement au frère de celui qui en est porteur, si ce frère venait à réclamer le bénéfice de l'article 14 de la loi (art. 799 et 800).

Si le porteur du numéro qui suit le dernier appelé conditionnellement, en vertu de l'article 16 de la loi, lors de la mise en réserve, a été déclaré dispensé, il n'en devra pas moins être compris dans la libération, ainsi que cela a été dit pour les exemptés, et dès lors il ne comptera plus dans le contingent comme dispensé (801).

Dans aucun cas, et lors même qu'il

s'agirait de remplir un vuide dans le contingent, le conseil de révision ne peut revenir sur la libération prononcée en vertu de l'article 17 de la loi (802).

Les bulletins indiquant le dernier numéro appelé dans chaque canton seront, à la diligence des maires, affichés de la même manière que la liste du tirage, (806, 808).

Il en sera de même de la liste d'émargement que les sous-préfets transmettront aux maires, et où seront transcrites toutes les décisions du conseil de révision concernant les jeunes gens examinés (816).

Ces décisions seront préalablement annotées par les maires sur les tableaux de recensement (817).

Les certificats de libération destinés aux jeunes gens, pourront leur être délivrés par le maire sur leur demande, et recevoir le dégré d'authenticité convenable au moyen des visa du sous-préfet, (809).

(Le modèle de ce certificat se trouve à la fin de ce volume).

CHAPITRE III.

SUBSTITUTIONS ET REMPLACEMENS.

« Les jeunes gens définitivement ap-
» pelés à faire partie du contingent
» pourront se faire remplacer par tout
» homme valablement libéré, pourvu
» qu'il n'ait pas plus de 30 ans ou de 35
» ans s'il a été militaire, et qu'il ait la
» taille et les autres qualités requises
» pour être reçu dans l'armée, etc.

» Les substitutions de numéros pour-
» ront avoir lieu entre les jeunes gens

» du même tirage (loi du 10 mars 1818, art. 18).

Le conseil de révision du département où le tirage a eu lieu est seul compétent pour recevoir ces actes (826).

Les conseils de révision doivent rejetter tout homme qu'ils sauraient avoir été procurés par une entreprise de remplacement non autorisée (832). Aucune entreprise ne l'a été jusqu'à ce jour:

Lorsque le substitué ou le remplacé est absent, les parens ou tuteurs de ceux qui ont caractère pour le représenter , doivent répondre pour lui devant le conseil de révision et y signer l'acte, (838).

Copies de l'acte , et même des pièces à l'appui , seront délivrées aux parties, si elles en font la demande (839).

En cas de suppositions frauduleuses de personne , l'acte n'est pas valable et ne

13

produit aucun effet, soit que la fraude ait été suivie ou non d'une comdamnation judiciaire (840).

CHAPITRE II.

REMPLACEMENS.

Délais.

Ils sont admissibles, depuis le moment de la désignation définitive d'un jeune homme pour le contingent, pendant ou après la tournée du conseil de révision, jusqu'à l'époque de la notification, par le maire, d'une lettre de mise en activité (1001).

Ordinairement ces conseils tiennent, à cet effet, au chef-lieu du département, des séances spéciales, indiquées à l'avance à MM. les maires ou sollicitées par les jeunes gens.

Ceux d'entre ces derniers qui auront des numéros élevés dans le contingent, feront sagement en ne se pressant pas, attendu que leur remplacement pourrait devenir inutile (*circulaire ministérielle du 6 janvier 1826*), comme le sera vraisemblablement celui des numéros non appelés de la classe de 1823 et peut-être aussi de celle de 1824.

S'il arrivait que le conseil reçut, à l'avance, le remplaçant d'un jeune homme qui, ensuite serait admis à l'exemption, le remplacement serait nul (877).

Après la notification de la lettre de mise en activité, nul ne peut se faire remplacer sans une autorisation du lieutenant - général commandant la division, obtenue par l'intermédiaire du Préfet (*v.* ci-après, pour la taille, page 148), au moyen d'une demande énonciative des causes du retard dans la présentation d'un suppléant, (*v.* remplacement au corps, page 170).

Qualités physiques.

Les remplaçans seront admis à la taille d'un mètre 570 millimètres, 5 pieds 10 pouces (860). Toutefois, ceux reçus après les délais (*v.* ci-dessus) doivent avoir une taille égale à celle du remplacé, ou au moins être propres à l'arme à laquelle ce dernier était destiné (1004).

Ils peuvent être admis jusqu'à l'âge ci-après, calculé à l'époque du remplacement :

A trente ans et au-dessous :

Les jeunes gens libérés par leurs numéros, exemptés comme fils ou petits-fils de veuves ou de septuagénaires, ou frères de militaires présens, morts ou disparus sous les drapeaux ; ce qui ex -

clut ceux exemptés pour infirmités (863).

Jusqu'à trente-cinq ans :

1º Les militaires congédiés pour infirmités, pourvu qu'ils soient devenus évidemment valides (867);

2º Les militaires congédiés pour ancienneté de service ;

3º Les gardes nationaux mobilisés ;

4º Les militaires renvoyés dans leurs foyers en congé illimité, lors de l'organisation des légions, ainsi que ceux de l'ancienne armée qui l'ont quittée avec ou sans congé, pourvu qu'ils n'aient point repris de service (864, 872);

5º Les hommes libérés des troupes de la marine (873 v. page 52).

Exception. Le jeune homme qui demande à remplacer son frère, peut être admis dès l'âge de dix-huit ans. (v. Responsabilité).

13.

Remplaçans non admissibles.

1° Les jeunes gens omis sur les ta-bleaux de recensement (869) ;

2° Les porteurs de sursis illimités de départ (866);

3° Les jeunes gens qui n'ont été dis-pensés que conditionnellement (868, *v.* page 117);

4° Les jeunes gens condamnés en po-lice correctionnelle, pour cause contraire à la probité, et ceux qui ont été dans le corps des fusiliers ou des pionniers de discipline (896); les déserteurs amnis-tiés, même avant la loi du 10 mars 1818.

Les hommes mariés n'étant reçus qu'en très-petit nombre et avec difficul-té, il est prudent d'éviter d'en présenter.

Pièces à produire.

1° L'acte de naissance du remplaçant,

légalisé par le président du tribunal de l'arrondissement, ou à défaut dudit acte, un acte de notoriété, homologué par le tribunal. Lorsque les registres de l'état civil n'indiquent pas la naissance de l'individu, on peut y suppléer par un extrait du tableau de recensement sur lequel il a été inscrit, s'il a été libéré par son numéro (891);

2° Un certificat de bonnes vie et mœurs qui doit être d'une date récente, et conforme au modèle ci-après.

Aucun homme, autre qu'un militaire libéré du service actif, ne peut, pour être admis comme remplaçant, recevoir un certificat de bonne vie, s'il ne réside *depuis six mois* dans la commune où il réclame le certificat (891).

Lorsqu'un militaire libéré du service actif se présentera pour servir comme remplaçant, dans les trois mois qui suivront la date de son congé, ce congé lui servira de certificat de bonnes vie et mœurs. S'il se présente après les trois mois, mais avant l'expiration du sixième, il devra se munir d'un certificat de bonne vie, qui lui sera délivré quoiqu'il ne justifie pas des six mois de résidence dans la commune, exigés de ceux qui n'ont pas servi (891).

Le conseil de révision vérifiera si le certificat de bonnes vie et mœurs, ainsi que les autres pièces produites par l'individu qui se présente comme remplaçant, concernent bien cet individu. A cet effet il exigera que le remplaçant, ou le remplacé, ou l'ayant cause de celui-ci, ainsi que deux pères de famille connus et domiciliés dans le département, signent un certificat d'identité (895).

La substitution de personne est une cause de nullité (*v.* page 145).

Responsabilité en cas de désertion.

Elle est *personnelle,* ne peut être transférée à un tiers, et dure une année à partir du jour de la signature de l'acte par le préfet (906, 920).

Un militaire prévenu de crime ou délit, et qui s'évade, est assimilé à un déserteur (905).

Si le remplaçant déserteur n'est pas repris dans l'année du remplacement, le remplacé marchera en personne, ou fournira un nouveau remplaçant, dont il sera également responsable.

Lorsqu'un remplaçant déserteur est arrêté avant la fin de l'année, sans être mis en jugement, la responsabilité ne subsiste pas moins jusqu'au terme fixé, pour le cas d'une nouvelle désertion.

Si le remplaçant, en état de désertion, meurt avant la fin de l'année de responsabilité, le remplacé est dégagé de cette responsabilité (917).

Le remplacé est averti de la désertion de son remplaçant, pour qu'il puisse, s'il le juge à propos, concourir aux recherches. Aucune notification de départ ne peut lui être faite avant la fin de l'année; 15 jours lui sont accordés pour partir (912).

A cette dernière époque, lorsque le remplacé, requis de marcher ou de fournir un autre homme, prouve qu'il est impropre au service, il peut être visité devant le conseil de révision, comme il est dit ci-après, page 166; mais il ne peut être exempté pour autre cause ni dispensé, si ce n'est pour engagement volontaire (921 — 922).

Exception. La responsabilité, en cas de désertion, n'a pas lieu pour les remplacemens entre frères (925).

Un remplaçant ne peut se faire remplacer dans le cours de l'année de responsabilité, à moins que son remplacé ne consente à se charger, pendant une autre année, de la même responsabilité, auquel cas le premier remplacement est sans effet (908).

Le remplacé ne peut être admis comme remplaçant pendant la durée de sa responsabilité (907).

CHAPITRE III.

SUBSTITUTIONS.

Les substitutions ou échanges de numéros de tirage ne pourront avoir lieu qu'entre les jeunes gens de la même classe et du même canton. (850), et jusqu'à la clôture de la liste *seulement*.

Elles n'imposent aux substitués aucune responsabilité (851).

La substitution peut avoir lieu entre un jeune homme du contingent et un jeune homme dispensé ou porteur d'un numéro de tirage assez élevé pour qu'on le regarde comme susceptible d'être libéré (853).

Toutefois, si le jeune homme dispensé est un engagé volontaire ou un inscrit maritime, ou s'il est attaché à un service public qu'il ne dépende pas de lui d'abandonner, la substitution ne peut avoir lieu (854).

Les jeunes gens exemptés pour tout autre motif que pour defaut de taille ou infirmités, peuvent être admis comme substituans (855).

Les dispensés ou exemptés ne peuvent

être admis comme substituans, qu'après avoir déclaré qu'ils renoncent à la dispense ou à l'exemption (856).

Les jeunes gens de tailles différentes seront admis à échanger leurs numéros de tirage, si, d'ailleurs, le substituant est jugé par le conseil de révision avoir les qualités requises pour faire un bon service (857).

On doit faire observer ici, dans l'intérêt des personnes peu aisées, que l'échange d'un bas numéro de tirage contre un numéro élevé, même susceptible d'être compris dans le contingent, peut, *sans aucun préjudice pour le recrutement,* avoir pour effet de maintenir dans ses foyers le substitué, en le faisant profiter de la chance favorable dont il a été parlé à l'article *Délais* pour les remplacemens.

IIIᵉ PARTIE.

Police des jeunes soldats (marchant pour leur propre compte , remplaçans ou substituans) dans leurs foyers.

Nota. La loi du 10 mars 1818 les assimile aux militaires en congé.

CHAPITRE Iᵉʳ.

RÉSIDENCE ET MARIAGE.

Devoirs des maires.

1° Ils ne doivent délivrer aucun passe-port aux jeunes soldats qui ne seraient pas autorisés à s'absenter comme il sera dit ci-après ;

2° Les passe-ports qu'ils leur délivreront légalement, énonceront leur qualité de jeunes soldats et leur permission ;

3° Ils sont chargés de faire publier et

afficher les extraits et supplémens d'extraits du registre-matricule départemental, et de certifier cette publication sur l'une des expéditions desdits extraits ;

De faire également publier et afficher les arrêtés du préfet relatifs aux revues trimestrielles, d'assister à ces revues qui ont lieu à la mairie, en présence d'un sous-officier de gendarmerie ou d'un gendarme, et d'énoncer, sur les feuilles d'appel, leur avis sur les causes de la non comparution des jeunes soldats manquant à la convocation ;

4° De faire connaître au sous-préfet les mutations par décès, changemens de résidence, etc., des jeunes soldats domiciliés dans leurs communes, et même de ceux y résidens et étrangers, soit à ces localités, soit au département ;

5° De ne marier aucun jeune soldat

sans une permission écrite du maréchal-de-camp commandant le département, laquelle se délivre sur le vu d'une pétition revêtue de l'avis du maire et du préfet, et qui, adressée à cet officier général, doit énoncer 1º, les nom, prénoms, domicile, canton et numéro du tirage du pétitionnaire ; 2º les nom, prénoms, âge, lieu de naissance, demeure et profession de la future épouse ; 3º les motifs particuliers qui donnent lieu au mariage, s'il en existe. Cette pétition doit être accompagnée d'un certificat du maire du domicile de la future, constatant, s'il y a lieu, qu'elle trouvera, auprès de ses parens ou dans ses foyers, des moyens d'existence suffisans pour elle et pour les enfans à naître de leur union, en cas de mise en activité du jeune soldat.

Devoirs des jeunes soldats disponibles.

1.º S'ils veulent s'absenter pour plus de quinze jours de leur arrondissement, ils sont tenus d'en informer le maire de leur commune ;

2.º Ils ont besoin de la permission spéciale du préfet pour quitter leur département ;

3.º Ils sont tenus de faire savoir au maire de leur nouvelle résidence le lieu de leur habitation ;

4.º Lorsqu'ils voudront retourner à leur ancien domicile, ils en préviendront le maire du lieu de leur résidence ;

5.º Ils doivent se présenter à la revue périodique qui a lieu à la mairie du lieu de leur *résidence légale*, quand ils en seront requis par la publication d'un arrêté du préfet, à moins d'en être dispensés par ce magistrat.

14.

Faute de s'y trouver, ils sont passibles d'un emprisonnement qui pourra s'élever jusqu'à quinze jours, et qui sera prononcé par le maréchal-de-camp commandant le département, sur une liste que le préfet lui transmettra (1058).

CHAPITRE II.

DEVANCEMENS D'APPEL.

Marche à suivre par les jeunes soldats.

1º Choisir un corps ;

2º S'informer auprès du maire si ce corps lui a été signalé comme n'étant pas au complet ;

3º Si le corps est réputé au complet, écrire au conseil d'administration, pour obtenir un certificat constatant qu'il peut y être admis (*v.* ci-après les emplacemens des corps);

4º Après avoir, au besoin, obtenu ce

certificat et celui énoncé page 48, les joindre à la demande de devancement d'appel, et déposer celle-ci, *en personne,* au bureau du sous-intendant militaire du département.

La faculté de devancer l'appel cesse au jour de la formation de la liste d'activité, pour ceux susceptibles d'y être compris.

CHAPITRE III.

MISE EN ACTIVITÉ EN VERTU DES ORDONNANCES DU ROI.

Répartition.

La répartition du contingent d'acti-vité, sera faite par le sous-intendant mi-litaire entre les cantons proportionnelle-ment au nombre des jeunes soldats qui, n'ayant pas été admis ou appelés à l'ac-tivité, sont encore *disponibles* (1108 et 1109).

La désignation des hommes qui doivent faire marcher aura lieu, par ordre de numéros de tirage ; néanmoins tous les remplaçans disponibles seront portés en tête de la liste d'activité quelque soit leur n° et alors même que l'homme remplacé serait mort avant cette désignation, (1116, 1117 et 1118).

Lettres de mise en activité.

Le préfet, après avoir reconnu que les jeunes soldats sont appelés à l'activité dans l'ordre énoncé ci-dessus, transmettra une lettre de mise en activité au maire de la commune du domicile ; et pour les jeunes gens légalement absens, une seconde expédition de cette même lettre sera envoyée au maire de la résidence (1129 et 1130), et ce, de manière à ce que les jeunes soldats ayent au moins trois *jours complets* pour se préparer au départ (1138).

Il sera donné avis aux remplacés de la mise en activité de leurs remplaçans , (1137).

Les maires feront notifier ces lettres de mise en activité au domicile ou lieu d'habitation des jeunes soldats destinataires (1140), ce qui sera constaté sur un registre contenant un n° d'ordre, la classe, la date de la lettre de mise en activité ; les nom et prénoms du jeune soldat, le n° du tirage ; le n° d'immatriculation ; la désignation du lieu où la notification a été faite ; la date de cette notification et les observations dont elle pourrait être l'objet (1142).

Pour chaque notification les maires enverront au sous-préfet un extrait du registre sur la formule qui leur sera envoyée à cet effet, avec les lettres de mise en activité (1144.)

Réclamations.

Elles ne peuvent plus avoir lieu que pour infirmités, et seront présentées de la manière suivante :

Les jeunes soldats qui, par maladie ou infirmités graves, sont empêchés de se rendre au lieu désigné pour la revue, sont tenus de faire remettre au maire leur demande, soit pour obtenir un délai, soit pour être réformés, et ce dans les trois jours après la réception de leurs lettres de mise en activité, (1150).

Le maire transmettra cette demande au Préfet, pour être, s'il y a lieu, soumise au conseil de révision, lequel fera comparaître et visiter le réclamant, s'il le juge convenable, pour recevoir ou un billet d'hôpital ou une autorisation de se faire traiter à domicile, ou être s'il y a lieu proposé pour la réforme. Cette réforme n'est définitive qu'après avoir été confirmée par l'inspecteur général. (1155).

Les demandes faites après le délai fixé ci-dessus, seront également transmises au Préfet qui les fera parvenir à l'officier général ou supérieur, chargé de la répartition dont il va être parlé, lequel a la faculté de renvoyer les réclamans devant le conseil de révision aux fins indiquées au § précédent (1160, 1161).

Répartition sur le terrein.

Le jour fixé pour la revue, l'officier général ou supérieur chargé de cette opération, répartira les jeunes soldats entre les différens corps assignés au département, et ils seront immédiatement mis en route.

CHAPITRE IV.

Désertion.

Un jeune soldat *retardataire* devient *déserteur* à l'expiration du délai d'un mois, ce qui n'empêche pas qu'il soit susceptible d'arrestation immédiatement après sa désobéissance ;

Ce délai commence 1º pour celui qui ne s'est pas présenté au lieu de la revue, du quatrième jour, après la notification de sa lettre de mise en activité, plus le temps nécessaire pour qu'il se rende du lieu de sa résidence à celui de sa destination, à raison de quatre lieues de poste par journée de marche ;

2º Du jour de l'arrivée du détachement à sa destination pour les jeunes soldats qui en auraient fait partie et qui ensuite, l'auraient abandonné ;

3º Pour celui qui se trouve hors du royaume sur le continent de l'Europe, après deux mois ;

4º Après six mois pour celui qui serait dans les colonies, situées en deçà du cap de Bonne Espérance ;

5º Après un an pour ceux qui seraient dans les colonies, situées au delà du cap (1239 à 1242).

Ces dispositions sont applicables exlusivement à ceux qui se trouvaient déjà hors du Royaume à l'époque du tirage et à ceux qui, postérieurement à la clôture de la liste, auraient obtenu pour des pays étrangers des passe-ports délivrés avec l'autorisation de S. E. le Ministre de la guerre (1243).

MM. les maires sont appelés à con-

courrir à la recherche des individus signalés comme déserteurs ou retarda-
taires.

CHAPITRE V.

REMPLACEMENS DANS LES CORPS.

Ils sont autorisés par le général de la subdivision sur la proposition du conseil d'administration.

Le remplaçant doit n'avoir pas plus de 26 ans, n'être pas marié, fournir les pièces énoncées, page 150, et s'engager, s'il n'a pas servi, dans l'arme du remplacé, à rester deux ans de plus au corps.

Il ne peut en aucun cas servir moins de deux ans.

Le remplacé lui fournit un habillement et un équipement (1310, 1316).

CHAPITRE VI.

RÉCLAMATIONS DIVERSES.

Toute réclamation des jeunes appelés ou de leurs parens en matière d'exemption de remplacemens, de sursis de départ ou libération, doit être présentée aux autorités locales, et ne peut-être transmise au ministre que dans le cas seulement où une décision ministérielle serait nécessaire.

Hors le cas de déni de justice, il ne sera donné aucune suite, dans les bureaux du ministère, aux demandes individuelles qui seraient adressées directement au ministre (937).

N.º 1.er

BORDEREAU *des pièces qui doivent être produites au conseil de révision, pour les jeunes gens qui demandent à jouir de l'exemption, comme se trouvant dans l'un des cas prévus par l'article 14 de la loi du 10 mars 1818 (voyez pages 88 à 114).*

INDICATION DES CAS D'EXEMPTION.	PIÈCES A PRODUIRE
Aînés d'orphelins.	*Certificat du maire, vérifié et visé par le sous-préfet, et conforme au modèle annexé au présent bordereau, sous la lettre A.*
Fils unique, ou aîné des fils d'une femme actuellement veuve. . . .	*Idem, sous la lettre B.*

Petit-fils unique, ou aîné des petits-fils d'une femme actuellement veuve. . . .	*Idem, sous la lettre* C.
Fils unique, ou aîné des fils d'un père aveugle. . .	*Idem, sous la lettre* D.
Petit-fils unique ou aîné des petits-fils d'un homme aveugle.	*Idem, sous la lettre* E.
Fils unique, ou aîné des fils d'un vieillard septuagénaire.	*Idem, sous la lettre* F.
Petit-fils unique, ou aîné des petits-fils d'un vieillard septuagénaire.	*Idem, sous la lettre* G.
Frère aîné d'un jeune homme désigné par le sort dans le même tirage	*Idem, sous la lettre* H.
Frère d'un militaire qui est sous les drapeaux, ou	1° Si le réclamant fonde ses droits sur les services d'un frère qui a été incorporé, *un certificat du conseil d'administration du*

qui est mort en activité de service, ou qui a été réformé pour blessures reçues ou pour infirmités contractées à l'armée . . . .

corps, ou *tout autre document authentique, faisant connaître que ce dernier sert dans ledit corps*, (ou bien) *qu'il est mort en activité de service*, (ou bien) *qu'il est disparu sous les drapeaux;* 2º (ou bien) *qu'il a été réformé pour blessures ou infirmités contractées au service;*

3º Si le frère du réclamant a été immatriculé comme jeune soldat, et n'est pas encore incorporé, *un certificat du capitaine du recrutement constatant son inscription aux registres matricules, et portant qu'il n'a pas été mis en activité.*

Dans l'un et l'autre cas, le réclamant devra produire, en outre, *un certificat conforme au modèle coté J, et destiné à prouver qu'il n'a été accordé dans sa famille aucune exemption qui puisse le priver du bénéfice de l'article 14 de la loi.*

MODÈLE coté *A*. *CERTIFICAT du maire pour établir les droits d'un jeune homme désigné, qui réclame l'exemption comme aîné d'orphelins.*

DÉPARTEMENT
d

CANTON
d

COMMUNE
d

Nous soussigné (*nom du maire*), maire de la, (*nom de la ville ou commune*), sur l'attestation des sieurs, (*noms et prénoms des trois témoins*), habitans de ce, (*canton, ou ville, ou commune*), pères de jeunes gens en activité de service, ou désignés par le sort pour concourir à la formation du contingent de leur classe, certifions, sous notre responsabilité personnelle, et après nous être assuré de l'exactitude de l'attestation qui nous a été faite, que le nommé, (*nom et prénoms du réclamant*) né le, (*date de sa* naissance, fils de feu, (*prénoms du père du réclamant*), et de feue (*nom et prénoms de la mère du réclamant*), désigné pour concourir à la formation du contingent de sa classe, comme ayant eu au tirage le numéro, (*énoncer le numéro du tirage*), est l'aîné de, (*dire le nombre de frères et de sœurs*), enfans du même père que lui, et, comme lui, orphelins de père et de mère, savoir : *indiquer les noms et prénoms des frères et sœurs*, qu'il n'a point de frère plus âgé que lui; et que, pour ces motifs, il a droit à l'exemption accordée par les dispositions de l'article 14, n° 3, de la loi du 10 mars 1818.

Fait à, (*nom de la commune ou ville où le certificat a été délivré*), le, (*date du jour où le certificat a été délivré ; signature des trois témoins, ou déclaration qu'ils ne savent signer ; signature du maire*).

MODÈLE coté B.

DÉPARTEMENT
d

CANTON
d

COMMUNE
d

CERTIFICAT du maire pour établir les droits d'un jeune homme désigné, qui réclame l'exemption, comme fils unique ou comme l'aîné des fils d'une femme actuellement veuve.

Nous soussigné *(nom du maire)*, maire de la, *(nom de la ville ou commune)*, sur l'attestation des sieurs, *(noms et prénoms des trois témoins)*, habitans de ce, *(canton, ou ville, ou commune)*, pères de jeunes gens en activité de service, ou désignés par le sort pour concourir à la formation du contingent de leur classe, certifions, sous notre responsabilité personnelle, et après nous être assuré de l'exactitude de l'attestation qui nous a été faite, que le nommé, *(nom et prénoms du réclamant)* né le, *(date de sa naissan-*

ce, fils de feu, (*prénoms du père du ré-clamant*) et désigné pour concourir à la formation du contingent de sa classe, est le, (*indiquer s'il est le fils unique ou le fils aîné*), de dame, (*nom de famille et prénoms de la mère*), veuve dudit, (*nom et prénoms du père du réclamant*), père du réclamant, que ladite dame, (*nom de famille et prénoms de la mère*), est actuellement veuve ; et qu'en conséquence, ledit, (*nom et prénoms du réclamant*), a droit à l'exemption, d'après l'article 14, n.º 4, de la loi du 10 mars 1818.

Fait à, *le reste comme au modèle coté* A.

MODÈLE coté *C. CERTIFICAT du mai-*
re pour établir les
droits d'un jeune hom-
me désigné, qui ré-
clame l'exemption ;
comme étant le petit
fils unique ou l'aîné
des petits - fils d'une
femme actuellement
veuve.

DÉPARTEMENT
d

CANTON
d

COMMUNE
d

Nous soussigné (*nom du maire*), maire de la, (*nom de la commune ou ville*),
sur l'attestation des sieurs, (*noms, pré-*
noms et qualités des trois témoins), tous
les trois habitans de ce, (*commune, ou*
ville, ou canton), et pères de jeunes gens
en activité, ou désignés pour concourir
à la formation du contingent de leur
classe, certifions, sous notre responsabilité personnelle, et après nous être
assuré de l'exactitude de l'attestation qui

nous a été faite, que le nommé, (*nom et prénoms du réclamant*) né le, (*date de sa naissance*), désigné pour concourir à la formation du contingent de sa classe, est, (*dire s'il est le petit-fils unique ou l'aîné des petits-fils*), de dame, (*nom et prénoms de famille de la veuve*), veuve de feu, (*nom et prénoms du père du réclamamant*), père du réclamant, laquelle n'a point de fils vivant, et est actuellement veuve, et que, pour ce motif, il a droit à l'exemption, conformément aux dispositions de l'article 14, n° 4, de la loi du 10 mars 1818.

Fait à, *le reste comme au modèle coté* A.

MODÈLE COTÉ D. *CERTIFICAT du maire pour établir les droits d'un jeune homme désigné, qui réclame l'exemption, comme étant le fils unique ou l'aîné des fils d'un père aveugle.*

DÉPARTEMENT
d

CANTON
d

COMMUNE
d

Nous soussigné *(nom du maire)*, maire de la, *(nom de la commune ou ville)*, sur l'attestation des sieurs, *(noms, prénoms et qualités des trois témoins)*, habitans de ce, *(commune, ou ville, ou canton)*, péres de jeunes gens en activité de service, ou désignés par le sort pour concourir à la formation du contingent de leur classe, certifions, sous notre responsabilité personnelle, et après nous être assuré de l'exactitude de l'attestation qui nous a été faite, que le nommé, *(nom et* prénoms du réclamant), né le, (*date de sa naissance*), désigné pour concourir à la formation du contingent de sa classe, est, (*dire s'il est le fils unique ou l'aîné des fils,*) du sieur, (*nom et prénoms du père*) , notoirement aveugle; et que, pour ce motif, il a droit à l'exemption, d'après les dispositions de l'article 14, n° 4, de la loi du 10 mars 1818.

Fait à, *le reste comme au modèle coté* A.

MODÈLE coté E. *CERTIFICAT du maire pour établir les droits d'un jeune homme désigné, qui réclame l'exemption, comme étant le petit-fils unique ou l'aîné des petits-fils d'un père aveugle.*

DÉPARTEMENT
d

CANTON
d

COMMUNE
d

Nous soussigné (*nom du maire*), maire de la, (*nom de la commune ou ville*), sur l'attestation des sieurs, (*noms, prénoms et qualités des trois témoins*), habitans de ce, (*commune, ou ville, ou canton*), pères de jeunes gens en activité de service, ou désignés par le sort pour concourir à la formation du contingent de leur classe, certifions, sous notre responsabilité personnelle, et après nous être assuré de l exactitude de l'attestation qui nous a été faite, que le nommé, (*nom et pré-*

noms du réclamant) né le, (*date de sa naissance*), désigné pour concourir à la formation du contingent de sa classe , est , (*dire s'il est le petit-fils unique ou l'aîné des petits-fils*), du sieur, (*nom et prénoms du grand-père*) , lequel est notoirement aveugle et n'a point de fils vivant ; et que, pour ce motif , ledit (*nom et prénoms du réclamant*) , a droit à l'exemption, con-formément aux dispositions de l'article 14 , n° 4 , de la loi du 10 mars 1818.

Fait à , *le reste comme au modèle coté* A

MODÈLE COTÉ *F. CERTIFICAT du mai-*

re pour établir les droits d'un jeune hom-

DÉPARTEMENT
d

me désigné, qui ré-

clame l'exemption ,

CANTON
d

comme étant le fils

unique ou l'aîné des

COMMUNE
d

fils d'un vieillard sep-

tuagénaire.

Nous soussigné (*nom du maire*), maire de la, (*nom de la commune ou ville*), sur l'attestation des sieurs, (*noms, prénoms et qualités des trois témoins*), habitans de ce, (*commune, ou ville, ou canton*), pè-res de jeunes gens en activité de service, ou désignés par le sort pour concourir à la formation du contingent de leur classe, certifions, sous notre responsa-bilité personnelle, et après nous être as-suré de l'exactitude de l'attestation qui nous a été faite, que le nommé, (*nom et* prénoms du réclamant) né le, (*date de sa naissance*, désigné pour concourir à la formation du contingent de sa classe, est, (*dire s'il est le fils unique ou l'aîné des fils*, de, (*nom et prénoms du père*), lequel est âgé de soixante-dix ans, étant né le, (*indication précise de l'âge du père*), et que, pour ce motif, ledit, (*nom et prénoms du réclamant*), a droit à l'exemption, conformément aux dispositions de l'article 14, n° 4, de la loi du 10 mars 1818.

Fait à, *le reste comme au modèle coté* A

MODÈLE COTÉ *G. CERTIFICAT du maire pour établir les droits d'un jeune homme désigné, qui réclame l'exemption, comme étant le petit-fils unique ou l' îné des petits - fils d'un vieillard septuagénaire.*

DÉPARTEMENT
d

CANTON
d

COMMUNE
d

N ous soussigné (*nom du maire*), maire de la, (*nom de la commune ou ville*), sur l'attestation des sieurs, (*noms, prénoms et qualités des trois témoins*), habitans de ce, (*commune, ou ville, ou canton*), pères de jeunes gens en activité de service, ou désignés par le sort pour concourir à la formation du contingent de leur classe, certifions, sous notre responsabilité personnelle, et après nous être assuré de l'exactitude de l'attestation qui nous a été faite, que le nommé, (*nom et prénoms du réclamant*), né le, (*date de sa naissance*), désigné pour concourir à la formation du contingent de sa classe, est, (*dire s'il est le petit - fils ou l'aîné des petits-fils*), du sieur, (*nom et prénoms du grand-père*), lequel est âgé de soixante-dix ans, étant né le, (*date de la naissance du grand-père*), et n'a point de fils; et que, par ce motif, ledit, (*nom et prénoms du réclamant*), a droit à l'exemption, conformément aux dispositions de l'article 14, n° 4, de la loi du 10 mars 1818.

Fait à, *le reste comme au modèle coté* A.

MODÈLE coté H. *CERTIFICAT du maire pour établir les droits d'un jeune homme désigné, qui réclame l'exemption, comme étant le plus âgé de deux frères désignés tous les deux par le sort dans un même tirage.*

DÉPARTEMENT
d

CANTON
d

COMMUNE
d

Nous soussigné (*nom du maire*), maire de la, (*nom de la commune ou ville*), sur l'attestation des sieurs, (*noms, prénoms et qualités des trois témoins*), habitans de ce, (*commune, ou ville, ou canton*), pères de jeunes gens en activité de service, ou désignés par le sort pour concourir à la formation du contingent de leur classe, certifions, sous notre responsabilité personnelle, et après nous être assuré de l'exactitude de l'attestation qui nous a été faite, que le nommé *(nom et prénoms du réclamant)*, né le, *(date de sa naissance)*, désigné par le sort pour concourir à la formation du contingent de sa classe, est le frère aîné de, *(nom et prénoms du frère du réclamant, né le, (date de la naissance du frère du réclamant)*, aussi désigné par le sort dans le même tirage ; et que, pour ce motif, ledit, *(nom et prénoms du réclamant)*, a droit à l'exemption, d'après les dispositions de l'article 14, n° 5, de la loi du 10 mars 1818.

Fait à , *le reste comme au modèle coté* A.

MODÈLE
coté H *bis.*

———

DÉPARTEMENT
d

CANTON
d

COMMUNE
:d

*CERTIFICAT du mai-
re pour établir les
droits d'un jeune hom-
me, qui réclame
l'exemption comme
ayant un* frère dispa-
ru sous les drapeaux,
et dont l'existence est
incertaine.

Nous soussigné, (*nom du maire*), maire de la, (*nom de la commune ou ville*),
sur l'attestation des sieurs, (*noms, prénoms et qualités des trois témoins*), habitans de, (*commune, ou ville, ou canton*),
pères de jeunes gens, en activité de service ou désigné par le sort pour concourir à la formation du contingent de
leur classe, certifions, sous notre responsabilité personnelle, que le sieur,
(*nom et prénoms du frère du réclamant*),
né le, (*date de sa naissance*), à, (*lieu de sa*

naissance), canton de, (*nom du canton*), parti pour l'armée en qualité de,(*conscrit, jeune soldat ou engagé*), incorporé au, (*numéro du régiment*), régiment de, (*indiquer l'arme du régiment et le numéro du bataillon*), bataillon, (*numéro de la compagnie*), compagnie, était sous les drapeaux quand il a cessé de donner de ses nouvelles, et qu'il a disparu ; qu'aucun acte ou avis public ou particulier n'a fait connaître qu'il eût été signalé comme déserteur ou prévenu de désertion, et qu'on ignore ce qu'il est devenu.

Le présent certificat destiné a être joint à celui, modèle coté J, annexé à l'instruction de son excellence le Ministre de la guerre, du 12 août 1818, pour former ensemble, à défaut de titre émané de l'autorité militaire compétente, la preuve des droits à l'exemption que

donne audit, (*nom et prénoms du réclamant*), l'article 14, n° 6, de la loi du 10
mars 1818.

Fait à, *le reste comme au modèle coté*
A.

CERTIFICAT, modèle coté **J**, *modifié par son excellence le Ministre de la Guerre.*

Nous soussigné,
maire de la commune de
sur l'attestation des sieurs

habitans de ce   pères de jeunes
gens en activité de service, ou désignés
par le sort pour concourir à la formation du contingent de leur classe ; certifions, sous notre responsabilité personnelle, que le nommé   né
le   inscrit sur la liste du
tirage sous le numéro   et désigné
pour concourir à la formation du contingent de sa classe, est frère de celui
sur la position duquel il fonde sa demande, et qu'il résulte de l'état ci-des-

sous qu'il n'a aucun autre frère vivant qui ait été exempté pour d'autres motifs que pour infirmités, ou dont l'exemption doive lui faire perdre le bénéfice de l'article 14, n° 6, de la loi du 10 mars 1818 (*voir l'état d'autre part*).

FRÈRES DU RÉCLAMANT.

PRÉNOMS.	ANNÉE de naissance.	POSITION sous le rapport du recrutement de l'armée. *	OBSERVATIONS.

(*) Indiquer à cette colonne, pour chaque frère prénommé dans l'état. si ce frère a été porté sur une liste de tirage en vertu de la loi du 10 mars 1818; et, dans l'affirmative, s'il a été exempté, et pour quel motif. s'il a été dispensé. si son numéro a été compris dans la libération, etc.

N° 2.

BORDEREAU des pièces qui doivent être produites au conseil de révision pour les jeunes gens qui demandent à être dispensés, comme se trouvant dans l'un des cas prévus par l'article 15 de la loi du 10 mars 1818.

INDICATION des CAS DE DISPENSE.	INDICATION des PIÈCES A PRODUIRE.
Engagés volontaires	*Une expédition de l'acte d'engagement, ou un document authentique sur l'engagement, ou bien un certificat de présence au corps.*
Inscrits maritimes. Marins	*Un certificat d'un commissaire de marine, conforme au modèle côté A.*
Ouvriers des professions maritimes.	*Idem coté B.*
Officiers de santé.	*Une expédition de la commission qui leur a été donnée par son excellence le ministre de la marine ou par le*

commissionnés et employés dans les armées de terre et de mer.	ministre de la guerre. Et un certificat constatant qu'ils sont employés dans le service de santé de l'armée, et faisant connaître quel est cet emploi ; lequel certificat doit être délivré par le sous-intendant militaire chargé de la police du corps ou de l'établissement où ces officiers sont employés.
Jeunes gens qui ont reçu l'un des ordres sacrés.	Certificat de l'évêque qui a conféré le ou les ordres sacrés, visé par le préfet pour légalisation de la signature.
Jeunes gens autorisés à continuer leurs études ecclésiastiques dans les religions dont les ministres sont salariés par l'État . . .	Pour les catholiques, Un certificat de l'évêque diocésain, visé par le préfet, pour légalisation de la signature, et constatant que le réclamant se destine à l'état ecclésiastique, et qu'il a été régulièrement autorisé à continuer ses études. Pour les autres cultes, Un certificat des chefs de consistoire, constatant que le réclamant se destine au ministère de ce culte ; qu'il a été régulièrement autorisé à continuer ses études, et qu'il est en cours d'étude ; lequel certificat doit être visé par le préfet, pour légalisation de la signature.

Université.	
1º Elèves de l'é-le Normale.	*Ampliation du brevet de nomination par la commission d'instruction publique, et certificat constatant que l'élève est présent à l'école ou employé à l'instruction publique.*
2º Professeurs des facultés et des colléges royaux	*Ampliation du brevet de nomination par la même commission. Engagement par écrit, contracté par le réclamant devant la commission d'instruction publique, de se vouer pendant dix ans au service de l'université, et certificat délivré par le recteur de l'académie, constatant que le réclamant exerce actuellement les fonctions de sa place.*
3º Agrégés et maîtres élémentaires munis de brevets d'emploi délivrés par la commission d'instruction publique.	*Idem.*
4º Maîtres d'études des colléges royaux qui auront été nommés par la commission	*Idem.*
5º Principaux et régens des colléges royaux brevetés . .	*Idem.*

6º Frères des écoles chrétiennes. . .	Certificat constatant que le réclamant, membre de la congrégation des écoles chrétiennes, a contracté l'engagement de se vouer pendant dix ans à l'instruction publique.
7º Instituteurs primaires approuvés par les comités cantonaux, et nommés par les recteurs.	Certificat de nomination délivré par le recteur. Engagement contracté par le réclamant de se vouer pendant dix ans au service de l'université, et attestation portant qu'il exerce actuellement les fonctions de sa place.
8º Jeunes gens qui ont remporté le prix d'honneur accordé par l'université.	Un certificat délivré par la commission d'instruction publique.
Élèves de langues.	Certificat délivré par son excellence le ministre des affaires étrangères.
Élèves de l'école polytechnique ; élèves des écoles des ponts et chaussées et des mines. . . .	Ampliation du brevet de nomination, et certificat de présence à l'école.
Jeunes gens qui ont remporté l'un des grands prix décernés par l'institut royal.	Certificat délivré par son excellence le ministre de l'intérieur ou par le secrétaire perpétuel de l'académie qui a décerné le grand prix.
Élèves des écoles spéciales militaires et de marine. . . .	Certificat d'admission et de présence à l'école délivré par le commandant.

DÉPARTEMENT
d

ARRONDISSEMENT
d

CANTON
d

COMMUNE
d

CERTIFICAT de bonnes vie et mœurs à délivrer par MM. les maires, et à produire par les individus qui se présentent comme remplaçans, conformément à la circulaire du Ministre de la guerre, du 12 décembre 1821 (v. page 144).

Nous, maire de la commune d

soussigné, certifions, sous notre responsabilité personnelle, 1° que le sieur   est né le   à   canton de   arrondissement de   ainsi qu'il résulte de son acte de naissance, dûment légalisé, et des autres pièces produites, et ci - après inventoriées ;

2° qu'il jouit de ses droits civils, et qu'il n'est dans aucun des cas prévus par le code civil, qui entraînent la privation de ces droits ;

3° Qu'il habite depuis plus de six mois dans cette commune ;

4° Qu'il y exerce la profession de   et qu'il travaille chez le sieur   depuis

5° Qu'il résulte du témoignage des notables habitans soussignés, tous pères de famille imposés au rôle des contribûtions, et demeurant depuis plus d'un an dans la commune, qu'il a eu constamment une bonne conduite ;

6° Qu'il est régulièrement libéré du service (*faire connaître à quel titre*), et qu'il n'est pas marié ; ce qui nous a été attesté également par les deux témoins qui ont signé avec nous.

A   le   18

INVENTAIRE des pièces dont est por-
teur le sieur

1º Acte de naissance ;

2º

3º

4º

SIGNALEMENT du sieur

Taille d   cheveux   sourcils   nez   yeux   bouche
menton   visage   teint   marques particulières   domicilié à
canton d   arrondissement d
département d.

Visé et vérifié par nous juge de paix
du canton d

Nota. *Les individus condamnés même*
en police correctionnelle, pour causes
contraires à la probité ou à la morale,
ne sont pas susceptibles d'obtenir le pré-
sent certificat.

Ce certificat devra être visé par le Préfet, si on veut en faire usage hors du département dans lequel il a été délivré.

CERTIFICAT DE LIBÉRATION.

Nous maire de la commune de
soussigné   certifions , en vertu de
la décision de son excellence le ministre
de la guerre, du 12 octobre 1818, insérée
au manuel officiel du recrutement (2°
édition, n° 809). qu'il résulte des anno-
tations insérées sur le tableau de recensement de cette commune pour la classe
de   d'après la liste d'emargemens
à nous transmise par monsieur le sous-
préfet , que le sieur , (*nom et prénoms*)
signalé ci-après, ayant obtenu au tirage le
numéro   a été déclaré libéré définitivement par le conseil de révision
comme, (*indiquer le motif de l'exemption*), ou attendu que son n° n'a pas été
atteint par les désignations, le dernier
appelé étant le n°   . En foi de quoi

18

nous lui avons délivré le présent qui ne sera valable qu'après avoir été visé et vérifié par monsieur le sous-préfet de

A   le

Signalement.

Né le   à   canton de   départe-
tement de   fils de   et de   domiciliés à

Profession de   résident à
taille d'un mètre   millimètres
cheveux   sourcils   front
yeux   nez   bouche   menton
visage

Vu et vérifié par nous Sous-Préfet de

A   , le

INFIRMITÉS.

La nomenclature d'infirmités insérée dans l'instruction générale sur la conscription n'est point obligatoire (511); néanmoins nous avons cru devoir la placer, à titre de renseignement, à la fin de ce volume, après l'avoir classée par ordre alphabétique.

TABLEAU dressé par MM. les docteurs Costes, Desgenettes, Heurteloup, Percy et Larrey, et par M. Parmentier, inspecteurs généraux du service de santé, le 15 mars 1811, des infirmités, qui, sous le régime de la conscription, rendaient ceux qui en étaient atteints impropres au service militaire.

Amblyopie (vue confuse à toutes les distances);

Anévrismes des principaux troncs artériels.

Asthme décidé, ou grande difficulté de respirer.

Atrophie d'un membre, ou maigreur extrême des extrémités supérieures ou inférieures.

Bégaiement considérable.*

Cachexie décidée , scorbutique, glanduleuse ou autres , reconnue incurable.

Calcul (le) est une pierre ou plusieurs qui se forment dans la vessie ou dans les reins.

Cancers — ulcères invétérés , d'un mauvais caractère , incurables.

Cicatrices grandes , anciennes et solides, surtout si elles sont adhérentes aux organes du mouvement et accompagnées de perditions de substance, crouteuses ou parsemées de varices.

Claudication bien marquée.

Convulsions * mouvemens convulsifs généraux ou partiels *.

Cordons spermatiques , affections graves et incurables de ces cordons.

Crâne. Les grandes lésions du crâne provenant de plaies considérables, de dépression, ou enfoncement des os , dont il résulte altération des facultés intellectuelles, vestiges, étourdissemens, assoupis-

(209)

semens , accidens nerveux ou spasmodi-
ques , fréquentes douleurs de têtes *

Déglutition. Difficulté de la déglutition
résultante d'un vice constant ; lésions incurables des parties servant à cette fonc-
tion.

*Démence**, *Manie**, *Imbécilité,* *

Dents, pertes des dents incisives et
canines.

Difformités , du nez gênant considérablement la respiration. — Incurables
des pieds , des mains ou autres membres.

Ecoulement involontaire de la salive *
— fétide et incurable des oreilles — *ha-
leine infecte pour cause irrémédiable*—
transpiration fétide* — incurable. *

Ecrouelles ulcérées.

Epilepsie , ou mal caduc, haut-mal,
mal sacré, mal de St.-Jean.

Faiblesse et extrême maigreur, jointe à
une petite taille , ou à une stature très-
élevée et hors des proportions ordinaires , (ces cas ne sont pas rares à l'âge de
20 ans, et exigent beaucoup de prudence
de la part des personnes appelées à prononcer).

Fistule lacrimale, incurable — salivaire, incurable — incurable à l'anus.

Flux de sang intestinal habituel et chronique.

Gibbosité — bosses du pourtour de la poitrine; déviations de la colonne vertèbrale.

Gloîtres volumineux incurables, gênant la respiration.

*Goutte sciatique**, douleurs arthritiques et rhumistimales invétérées, qui empêchent les mouvemens des membres et du tronc *.

Gravelle, est un sable ou gravier ou même de petites pierres contenues dans les reins ou dans la vessie, et que l'on rend par les urines.

Hémophtisie, ou crachement de sang habituel, fréquent et périodique.

Hémorroïdes ulcérées — Flux. Hémoroidal périodique et abondant.

Hernie, irréductible ou double.

Hydrocèle, Collection aqueuse, contenue dans les bourses ou scrotum.

Hydropisie incurable.

Incontinence habituelle des matières fécales. *

(211)

Machoire, difformité (de la).

Marasme caractérisé par les signes d'étisie et de *collication*.

Muscles, retraction permanente des muscles fléchisseurs ou extenseurs d'un membre ; paralysie de ces muscles.

Mutilation des dernières phalanges, d'un ou de plusieurs doigts, d'une main ou d'un pied ; perte irrémédiable du mouvement de ces mêmes phalanges.

Mutité ou impossibilité de parler. *

Myopie, vue courte* Nyctalopie, cécité nocturne. *

Ophtalmie chronique *, — maladies habituelles des yeux, des paupières, des voies lacrymales , génant sensiblement la vision. *

Os — courbure de grands os — le diastase — l'ankilose — les caries — les nécroses — le spina ventosa — le rachitis ou nouure , les tumeurs osseuses et celles du périoste , considérables et gênant le mouvement.

Ouïe, vices permanens et bien constatant la génant considérablement.*

Ozène, et tous ulcères rebelles des fosses nasales, ou des voûtes palatines.

Paralysie générale ou partielle.*

Peau — les maladies de peau susceptibles de communication, lorsqu'elles sont anciennes, héréditaires ou rebelles, comme la *teigne*, les *dartres vives*, humides et étendues; la *Gale* opiniâtre et compliquée, l'*Eléphantiasis*, *la Lèpre*.

Perte ou privation de la vue — de l'œil droit — de la voix * du membre véril ou des testicules; des dents incisives et canines de l'une des machoires; du gros orteil, de l'indicateur ou de deux autres doigts d'une main ou d'un pied. *Voyez Mutilation.*

Polypes incurables, excroissances charnues, molles, plus ou moins rougeâtres, occupant l'intérieur des fosses nasales.

Phthisie aux 1er, 2e, 3e. degrés.

Rectum. Chute habituelle du rectum.

Sarcocèle, est un engagement plus ou moins considérable d'un des testicules.

Surdité. Privation ou dureté de l'ouïe *

Scrotum, affections graves et incurables du Scrotum.

Testicules, la retraction permanente de l'un d'eux, portée au point de l'engorger douloureusement dans l'anneau.

Tremblement, habituel partout le corps ou d'un membre. *

Urines — Incontinence habituelle, ou rétention fréquente des urines, * maladies graves, lésions ou fistules des voix urinaires incurables, ou exigeant des soins habituels, de l'art de guérir.

Varices volumineuses et multipliées.

Varicocèle ou cyrcocèle, est une dilatation veineuse du cordon des vaisseaux spermatiques.

Vue. Voyez amblyopie, et Myopie.

* Les infirmités suivies d'une * peuvent être simulées.

Avis essentiel. •

Il a paru utile d'insérer ici les art. 160 et 406 du code pénal, afin que les jeunes gens soumis au recrutement, ou leurs familles, connaissent les conséquences des fausses démarches qu'ils pourraient faire pour obtenir une reforme illicite.

Art. 160. Tout médecin, chirurgien, ou autre officier de santé qui, pour favoriser quelqu'un, certifiera faussement des maladies ou infirmités propres à dispenser d'un service public , sera puni d'un emprisonnement de deux à cinq ans.

S'il a été mis par dons ou promesses , il sera puni de bannissement ; les corrupteurs seront, en ce cas, punis de la même peine.

Art. 405. Quiconque , soit en faisant usage de faux noms, ou de fausses qualités, soit en employant des manœuvres frauduleuses pour persuader l'existence de fausses entreprises , d'un pouvoir ou d'un crédit imaginaire , ou , pour faire naître la crainte ou l'espérance d'un succès , d'un accident ou de tout autre événement chimérique, se sera fait remettre ou délivrer des fonds, des meubles ou des obligations, dispositions, billets, promesses, quittances ou décharges, et aura par un de ces moyens, escroqué ou tenté d'escroquer la totalité ou partie de la fortune d'autrui, sera puni d'un emprisonnement d'un an au moins, et de cinq ans au plus et d'une amende de cinquante francs au moins et de trois mille francs au plus.

Le coupable pourra, en outre, à compter du jour où il aura subi sa peine, être interdit pendant cinq ans au moins, et dix ans au plus, des droits mentionnés en l'article 42 du présent code, le tout sauf les peines plus graves, s'il y a lieu.

TABLEAU DES CORPS DE L'ARMÉE, *avec 1° l'emplacement, au 1er mai 1826, du dépôt de chacun d'eux, 2° et la désignation (par un *) de ceux qui ont atteint leur complet, et dans lesquels nul ne peut être admis (engagé, jeune soldat ou remplaçant), s'il n'est porteur d'un certificat du conseil d'administration constatant que l'effectif permet son incorporation.*

NOTA. On peut noter ci-dessous les changemens ultérieurs, savoir, quant à l'effectif de corps, en supprimant et ajoutant des *, et à l'égard de leur emplacement, au moyen d'un numéro de renvoi à la nomenclature suivante des garnisons, substitué à l'emplacement indiqué.

GARDE ROYALE. — RÉGIMENS.

Infanterie. — 1er*, 2e*, 3e*, 4e*, 5e*. 6e*, Paris.

Grosse cavalerie. — Grenadiers à cheval : 1ᵉʳ, Versailles. — 2ᵉ, Beauvais. — Cuirassiers : 1ᵉʳ, Meaux. — 2ᵉ, Paris.

Cavalerie légère. — Dragons*, Melun. — Chasseurs*, Fontainebleau. — Lanciers*, Cambrai. — Hussards*, Compiègne et Laon.

Artillerie. — A pied et à cheval*, Vincennes. — Train d'artillerie*, Vincennes.

Gendarmerie d'élite, Paris. — Compagnie sédentaire : sous-officiers, Paris. — Fusiliers, *idem*.

Ces deux dernières armes ne reçoivent pas de jeunes soldats ni d'engagés.

LIGNE. — Régimens.

Infanterie de ligne. — 1ᵉʳ, Bellisle-en-mer. — 2ᵉ, Grenoble. — 3ᵉ, Toulon. — 4ᵉ, Saint-Omer. — 5ᵉ, Gap. — 6ᵉ*, Montauban. — 7ᵉ, Strasbourg. — 8ᵉ, Lille. — 9ᵉ*, Toulouse. — 10ᵉ, Montpellier. — 11ᵉ, Verdun. — 12ᵉ*, Lyon. — 13ᵉ, Paris. — 14ᵉ, Valenciennes. — 15ᵉ, île d'Oleron. — 16ᵉ, Montpellier. — 17ᵉ, Lyon. — 18ᵉ, Lille. — 19ᵉ, Strasbourg. — 20ᵉ, Poitiers. — 21ᵉ, Valenciennes. — 22ᵉ*, Toulouse. — 23ᵉ, Paris. — 24ᵉ, Nantes.

— 25ᵉ, Lyon. — 26ᵉ, Nancy. — 27ᵉ, Rennes. — 28ᵉ, Larochelle. — 29ᵉ, Pont-Saint-Esprit. — 30ᵉ*, Besançon. — 31ᵉ, Dijon. — 32ᵉ, Metz. — 33ᵉ*, Douai. — 34ᵉ, Angers. — 35ᵉ, Larochelle. — 36ᵉ, Angoulême. — 37ᵉ, Tours — 38ᵉ*, Metz. — 39ᵉ, Paris. — 40ᵉ, Uzès. — 41ᵉ, Foix. — 42ᵉ, Briançon. — 43ᵉ, Perpignan. — 44ᵉ*, Grenoble. — 45ᵉ, Cherbourg. — 46ᵉ*, Toulon. — 47ᵉ*, Lille. — 48ᵉ, la Guadeloupe. — 49ᵉ, la Martinique. — 50ᵉ, Arras. — 51ᵉ, la Guadeloupe. — 52ᵉ, Bordeaux. — 53*, Strasbourg. — 54ᵉ, Perpignan. — 55ᵉ, Bayonne. — 56ᵉ*, Navarreins. — 57ᵉ*, Saint-Brieuc. — 58ᵉ*, Mont-Louis. — 59ᵉ, Colmar. — 60ᵉ, Givet. — 61 , Metz — 62ᵉ*, Ajaccio. — 63ᵉ, Marseille. — 64ᵉ, le Havre.

Infanterie légère. — 1ᵉ*, Narbonne. — 2ᵉ*, Rennes. — 3ᵉ*, Bayonne. — 4ᵉ, Paris. — 5*, Périgueux. — 6ᵉ*, Thionville. — 7ᵉ, Bourges. — 8ᵉ, Mézières. — 9ᵉ. Blaye. — 10ᵉ*, Phalsbourg. — 11ᵉ, Weissembourg. — 12ᵉ, Caen. — 13ᵉ, Bezançon. — 14ᵉ*, Clermont-Ferrand. — 15ᵉ*

Dunkerque. — 16e*, Caïenne, Bourbon et le Sénégal.— 17e*, Dunkerque.—18e, Maubeuge — 19e*, Avignon. — 20e*, Amiens. — Bataillon des voltigeurs Corses, Bastia.

CAVALERIE.

Carabiniers. — 1er, Metz. — 2e, Pont-à-Mousson.

Cuirassiers. — 1er, de la Reine, Joigny. — 2e, du Dauphin, Toul. — 3e, de Bordeaux, Sedan. — 4e, de Berry, Amiens. — 5e, d'Orléans, Sarguenimes. — 6e, de Condé, Toul. — 7e, (ex-7e de Dragons), Schelestatt. — 8e, (ex-8e *idem*), Nevers.— 9e, (ex-9e *idem*), Tours. — 10e, (ex-10e *idem*), Dôle.

Dragons.— 1er, Besançon—2e*, Neufbrisac. — 3e*, Lille.— 4e, Gray. — 5e*, Saint-Mihel. — 6e, Lyon. 7e*, (ex-19, chas.), Aire. — 8e*, (ex-20e chas.), Vesoul.—9e, (ex-21e chas.), Rennes.—10e*, (ex-22e chas.), Béford. — 11e*, (ex-23e chas.), Stenay. — 12e*, (ex-24e chas.), le Mans.

Chasseurs. — 1er*, Libourne. — 2e*, Maubeuge. — 3e*, Barcelonne, Espagne.

3e* et 5e escadron, Béziers. — 4e*, Nancy.
5e*, Chartres.— 6e*, Hesdin.—7e*, Commercy.— 8e*, Carcassonne.— 9e*, Limoges. — 10e*, Poitiers. — 11e*, Vendôme.
—12e*, Fontenay. — 13e*, Cadix, Espagne; et Saint-Jean-d'Angély, (2e*, 4e et 5e escadron.) — 14e*, Cadix; (2e, 4e et 5e escad.), Saintes. — 15e*, Charleville — 16e*, Moulins. — 17e*, Haguenau. — 18e*, Arras.

Hussards. — 1er*, de Chartres, Verdun. — 2e*, Dijon. — 3e*, Châlons-sur-Marne. 4e*, Thionville. — 5e*, Epinal. — 6e*, Valencienne.

Artillerie à pied. — 1er Rennes. — 2e, Strabourg. — 3e, Metz. — 4e, La-fère. 5e, — Toulouse. 6e, — Auxonne. 7e, — Douai. — 8e, Valence.

Artillerie à cheval. — 1er Strabourg. 2e, Metz. — 3e, Toulouse. — 4e, Metz.
Bataillon de Pontonniers, * Strabourg.
Ouvriers d'artillerie. — Compagnies. — 1er*, Rennes. — 2e*, et 3e*, Toulouse. — 4e*, Perpignan. — 5e*, Toulouse. — 6e*, Metz. — 7e*, Grenoble. — 8e*, Auxonne. — 9e*, Strabourg. — 10e* La-

rochelle. — 11ᵉ*, Lafère. — 12ᵉ*, Douai.

Compagnie d'armuriers. — Toulouse.

Train d'artillerie. — Escadrons. —
1ᵉʳ*, Strabourg. — 2ᵉ*, Toulouse. — 3ᵉ*,
Lafère. — 4ᵉ*, Rennes. — 5ᵉ*, Douai.
6ᵉ*, Auxonne. — 7ᵉ*, Metz. — 8ᵉ*
Vienne.

Génie. Régimens. — 1ᵉʳ*, Arras. —
2ᵉ*, Montpellier. — 3ᵉ*, Metz.

Idem. Ouvriers compagnie*. — Metz.
Idem. Train. — Escadron*. — *Idem*
Train des équipages. — Escadron*.
— 1ᵉʳᵉ, compagnie Vernon. — 2ᵉ, Tarbes. — 3ᵉ, Vernon. — 4ᵉ. Tarbes.

— Ouvriers du train des équipages.
1ᵉʳᵉ* et 2ᵉ* compagnie — Vernon.

*Bataillon temporaire d'ouvriers d'ad-
ministration.* — 1ᵉʳᵉ et 2ᵉ, licenciées.
—3ᵉ et 4ᵉ Cahors.

Nota. Les corps suivans ne reçoivent ni
engagés ni jeunes soldats.

Sous-officiers sédentaires. — 1ᵉʳ 2ᵉ, 3ᵉ,
4ᵉ Paris. — 5ᵉ, Châlons-sur-Marne. —
6ᵉ, Isles d'Hyères. — 7ᵉ, Tarbes. — 8ᵉ,

Lille. — 9e, Bicêtre. — 10e, Port Louis.

Fusiliers sédentaires. — 1er, Fonte-vrault. — 2e, Langres. — 3e, Gaillon. — 4e et 5e, Paris 6e Loos (nord). — 7e, Montreuil. — 8e, Embrum. — 9e Paris, — 10e, Paris. — 11e, Boulogne. — 12e. Vitry. — 13e, Pierre Chatel. — 14e, La Petite Pierre. — 15e, Marsal. — 16e, Melun. — 17e, Ensisheim. — 18e, Fort-de-Joux. — 19e, Poissy. — 20e, Clermont. (oise) — 21e, Peronne. — 22e, St.-Tropez. — 23e, Sisteron. — 24e, à réorganiser. — 25e, à réorganiser. — 26e, Seyne. — 27e, Draguignan. — 28e, Colmar. — 29e, la Hougue. — 30e, l'Abbaye d'Eysse. — 31e, 32e, à réorganiser. — 33e, Riom. — 34e, à 38e, à réorganiser. — 39e, St.-Brieux. — 40e, Doulens. — 41e, Loos (nord). 42e, à réorganiser. — 43e, Granville. — 44e. Granville. — 45e, Clairvaux, (Aube).

Canoniers sédentaires. — Compagnies. — 1er*, Brest. — 2e, St.-Omer. — 3e, Antibes. — 4e, Perpignan. — 5e, la Rochelle. — 6e, Bayonne. — 7e, Montpellier. — 8e, Toulon. — 9e, Bastia. —

10e, Cherbourg. — 11e, Nantes. — 12e,
le Havre. — 13e, Marseille.

Fusiliers de discipline. — Compagnies. — 1re*, Cherbourg. — 2e, Bezançon. — 3e, Blaye. — 4e, Arras.

Pionniers de discipline. — 1er*, Cherbourg. — 2e, Bezançon. — 3e, Ile d'O-
leron. 4e, Bethune.

NOMENCLATURE des garnisons de la France, avec un numéro destiné à être porté à la suite de la désignation qui précède, de chaque régiment, pour indiquer les changemens successifs de son emplacement.

Les garnisons suivies d'un *v* sont occupées par des vétérans ou fusiliers sédentaires.

A.

1 Aire. 2 Ajaccio. 3 Amiens. 4 Angers. 5 Angoulême. 6 Antibes. 7 Arras. 8 Auxonne. 9 Avignon.

B.

10 Bastia. 11 Bayonne. 12 Beauvais. 13 Béfort. 14 Belisle-en-mer. 15 Bethune. 16 Bezançon. 17 Béziers. 18 Bicêtre *v*. 19 Blaye 20 Bordeaux. 21 Boulogne. 22 Bourbon-Vendée. 23 Bourges. 24 Brest. 25 Briançon.

C.

26 Caen. 27 Cahors. 28 Calais. 29 Cam-

bray. 30 Carcassonne. 31 Châlons. 32 Charleville. 33 Cherbourg. 34 Clairvaux *v.* 35 Clermont - Ferrand. 36 Colmar. 37 Compiègne.
38 Corse (île de). 39 Courbevoye.

D.

40 Dax. 41 Dieppe. 42 Dijon. 43 Dôle.
44 Douay. 45 Doulens. 46 Draguignan. 47
Dunkerque.

E.

48 Embrun *v.* 49 Ensishem *v.* 50 Épinal.
51 Eysse *v.*

F.

52 Foix. 53 Fontainebleau. 54 Fontenay.
55 Fontevrault *v.* 56 Fort-Jouy.

G.

57 Gaillon *v.* 58 Gap. 59 Givet. 60 Granville *v.* 61 Gray. 62 Grenoble. 63 Guadeloupe (la).

H.

64 Hâguenau. 65 Havre (le). 66 Hesdin.

J.

67 Ile de Rhé. 68 Ile d'Oleron *v.* 69 Iles
d'Hières.

(225)

J.

70 Joigny.

L.

71 Lafère. 72 Langres *v.* 73 La Hougue *v.* 74 Laon. 75 Larochelle. 76 Libourne. 77 Lille. 78 Limoges. 79 Loos *v.* 80 Lorient. 81 Lunéville. 82 Lyon.

M.

83 Mans (le). 84 Marsal *v.* 85 Marseille. 86 Martinique (la). 87 Maubeuge. 88 Meaux. 89 Melun. 90 Metz. 91 Mézières. 92 Montauban. 93 Montpellier. 94 Montreuil-sur-mer. 95 Morlaix. 96 Moulins.

N.

97 Nancy. 98 Nantes. 99 Narbonne. 100 Navarreins. 101 Neufbrisac. 102 Nevers. 103 Niort.

O.

104 Orléans.

P.

105 Paris. 106 Périgueux. 107 Péronne. 108 Perpignan. 109 Petit-Pierre. 110 Phals-

bourg. 111 Pierre - Châtel *v.* 112 Poitiers. 113 Poissy *v.* 114 Pont - à - Mousson. 115 Pont-Saint-Esprit. 116 Port-Louis. 117 Provins. 118 Puy (le).

Q

119 Quimper.

R.

120 Rennes. 121 Riom. 122 Rouen. 123 Ruelle.

S.

124 Saint-Brieux. 125 Saint-Denis. 126 Saintes. 127 Saint-Mihel. 128 Saint-Omer. 129 Schelestatt. 130 Sedan. 131 Seyne. 132 Stenay. 133 Strasbourg.

T.

134 Tarascon. 135 Tarbes. 136 Thionville. 137 Toul. 138 Toulon. 139 Toulouse. 140 Tours.

U.

141 Uzès.

V

142 Valenciennes. 143 Vannes. 144 Ven-

W.

FIN.

TABLE

ALPHABÉTIQUE DES MATIÈRES.

FIN DE LA TABLE.

Erratum.

Page viij, au lieu de 10 mars 1826, *lisez :* 1ᵉʳ mai 1826.

Page 111 ; *ligne 3*, *ajoutez :* alors même qu'il y aurait eu rengagement du militaire postérieurement à l'exemption de son frère (565).